AF488632

LOS DOMINIOS PERDIDOS

Los dominios perdidos

JORGE TEILLIER

Selección de
ERWIN DÍAZ

Presentación de
VICENTE UNDURRAGA

Prólogo de
EDUARDO LLANOS MELUSSA

POESÍA

FONDO DE CULTURA ECONÓMICA

Primera edición, FCE Chile, 2023

Teillier, Jorge
    Los dominios perdidos / Jorge Teillier ; selec. de Erwin Díaz ;
present. de Vicente Undurraga ; pról. de Eduardo Llanos Melussa. –
Santiago de Chile : FCE, 2023
    214 p. ; 23 × 15 cm – (Colec. Poesía)
    ISBN 978-956-289-310-7

    1. Poesía chilena – Siglo xx 2. Literatura chilena – Siglo xx I.
Díaz, Erwin, selec. II. Undurraga, Vicente, present. III. Llanos
Melussa, Eduardo, pról. IV. Ser. V. t.

LC PQ8098.3   Dewey Ch861 T753d

Distribución mundial para lengua española

D.R. © 2023, Fondo de Cultura Económica Chile S. A.
Av. Paseo Bulnes 152, Santiago, Chile
www.fondodeculturaeconomica.cl

Fondo de Cultura Económica
Carretera Picacho-Ajusco, 227; 14110 Ciudad de México
www.fondodeculturaeconomica.com

Coordinación editorial: Fondo de Cultura Económica Chile S. A.
Diagramación: Macarena Rojas Líbano
Cuidado de la edición: Felipe Aburto

Las fotografías de portada fueron tomadas en 1987 por su amigo, el poeta, periodista y
crítico de cine, Álvaro Inostroza Bidart, durante el rodaje del documental «Nostalgias del
Far West». Para este proyecto, Teillier regresó a su Lautaro natal después de muchos años
de ausencia.

ISBN 978-956-289-310-7

SUMARIO

DESISTIR EL TIEMPO

Vicente Undurraga

Partió siendo el que siempre sería. A los veintiún años apareció Jorge Teillier con un libro que mostraba ya los contornos de toda su creencia poética y, al mismo tiempo, desde las primeras líneas del primer poema de ese primer libro, las zarpas de su desengaño, de su escepticismo.

Con esa doble tracción circularía durante cuarenta años esta escritura, dándole libre andadura a una nostalgia desacomplejada, gozosa incluso —su «lenguaje de raíces»—; la poesía de Teillier es, más allá de cualquier adjetivo o nomenclatura, una que halla consuelo y siente deseo por el pasado, por la tierra fresca y por no estar tanto en uno. Lo deja ver bien el poema «Alegría»: «Sabemos que nunca estaremos solos / mientras haya un puñado de tierra fresca».

Hay en Teillier un romanticismo «puesto en tensión», como ha escrito Andrea Kottow, que señala su arte poético como «una forma de obstinación frente a los movimientos del tiempo». Esa obstinación, maravillosa y personal, se traduce en todo aquello que se suele asociar al poeta: nostalgia resistente, lirismo (aunque sea un lirismo llano), retorno al niño que se fue, embriagada constatación de que la vida está en otra parte, demora en la amistad y en el alcohol, amor al paisaje, paisajes del amor, detención.

Como los trenes de sus poemas, Teillier es un poeta que larga y reiteradamente se detiene. Detiene su mirar en las junturas y los descalces, en los puentes donde el tiempo se junta y se esfuma, se dobla, arremolina y estira y en ese movimiento se iluminan o nublan encuentros, verdaderos diptongos vitales, uniones de días presentes y remotos, de momentos, sueños y deseos, de luces de años pasados y luces actuales y hasta futuras. Mejor lo ha expuesto Elvira Hernández al destacar cómo Teillier «hiciera de la poesía un lugar de conocimiento, partiendo por aquello que somos: una gran precariedad temporal», razón por la cual agradece ella a esta obra «que persigue una edad soñada para el ser humano… que necesita ir hacia atrás cuando el mundo va hacia adelante».

Es muy notable en estos poemas ese prodigio de la transportación al pasado; algo insondable parece haber en la materia y la melodía de sus versos (versos que son siempre unidades, en esto Teillier es como Nicanor Parra: cada verso es una frase) que resulta un vehículo privilegiado de viaje al pasado, pero no a un pasado colectivo, no a un periodo determinado, sino a los ayeres de cada quien.

En su segundo libro, *El cielo cae con las hojas*, hay un poema con el que se puede pensar toda su obra, que en un punto es siempre una poesía prístina, siendo indudable, por otra parte, todo lo que tiene de misteriosa o irreductible. El poema se llama «Twilight» —y es curioso que lo titulara en inglés, quizá la palabra «crepúsculo» le pareciera cursi, aunque con lo cursi en materia de títulos Teillier supo tener buenos tratos—:

Todavía yace bajo el manzano
el tílburi cansado de los abuelos.
¿Quién recogerá esas manzanas
donde aún brilla un sol de otra época?
El cerco se pudre.
La ortiga invade al jardín.
Alguien mira al tílburi
y apenas lo distingue
en la luz oscilante
entre la tarde y la noche.

Bodas y entierros.
Una tarde entera luchando contra el barro
cuando íbamos al pueblo recién fundado.
Un viaje de ebrios entre la susurrante penumbra
esquivando las ramas enloquecidas.
Viajamos y viajamos
aun sabiendo que todo no puede sino terminar

en una casa miserable desde donde se mira
esa luz obstinada en pelear contra la noche.

¿Quién recogerá las manzanas
donde aún puede vivir un sol de otra época?
La ortiga invade el jardín.
El día no alcanza a refugiarse en la casa.
Para huir de la oscuridad sólo hay un tílburi cansado
que no se cansa de luchar contra la noche.

Altiro entra la música con la palabra «tílburi». Esta antología, *Los dominios perdidos*, preparada por Erwin Díaz en 1992 mientras Teillier aún vivía, muestra ante todo a un poeta lírico en el sentido primero, musical del término. Y esa resonante y preciosa esdrújula, tílburi —«el tílburi cansado de los abuelos»—, señala una victoria o coche de dos asientos que es tirado por un caballo pero que en el poema está abandonado, es el pasado en el presente en forma de deterioro. Pero no siempre es así: «¿Quién recogerá esas manzanas / donde aún brilla un sol de otra época?», canta otro verso que indica la permanencia ahora brillante, en un objeto, de un sol de otro tiempo. Es decir, el pasado refulgiendo en el presente, encantándolo. Y luego, en la estrofa subsiguiente, se replica el verso con una variación que parece menor pero que quizás sea sustantiva: «¿Quién recogerá las manzanas / donde aún puede vivir un sol de otra época?». Es ahora una posibilidad: más que en el presente, es en un futuro donde se proyecta ese pasado («un sol de otra época»), que *aún puede vivir...* Es una especie de potencia lo que muestra el poema. Cuando le preguntaron hacia el final de su vida si aún creía en las utopías, Teillier dijo que ya sólo en las personales y que la suya era «vivir en el presente como si viviera en el pasado». En ese afán esta escritura se empeña y nos empaña de ese modo la mirada, nos conmueve.

Poeta de la travesía de las cosas y su memoria u olvido, de recuerdos y meditaciones, transparentemente lo es también, más allá de toda reducción, del campo y la lluviosa tierra natal que hasta con olores trae a la página una y otra vez. Eso se da en esta poesía de forma preciosa, no falta la dulzura. Pero las utopías son anhelos, imposibles, no realidades. Es quizás por esto que ante todo Teillier es un cantor de lo irreparable, de los trenes que ya no corren, de los pueblos sin prisa, de los dominios perdidos, y por ende también un poeta de la sospecha. No hay huida en su poesía, sólo conciencia y añoranza.

En las páginas de *Los dominios perdidos* se deja ver un llamativo o peculiar espejeo: tal como la idea de que en la niñez ya se conoció todo, esta misma poesía es plena ya en su primera etapa —poesía temprana que el poeta recogería en 1971 en la antología *Muertes y maravillas*—; de alguna manera en los comienzos ya está todo y volver a ello es una recuperación siempre anhelada. Más que hablar de la infancia, la poesía de Teillier está habitada por la niñez y es, ella misma, niña. Porque hay en ella un renacimiento constante de la mirada, como si sus palabras volvieran «niños los sentidos», para decirlo citando un verso de Gabriela Mistral.

Tras esa antología personal de 1971 Teillier entró en un silencio editorial que rompería sólo siete años después, ya en plena dictadura, con un libro significativamente titulado *Para un pueblo fantasma* —qué otra cosa era entonces Chile. Ahí se asoma, sin explicitudes, difusamente, pero en el fondo a las claras, lo aciago o, como dice Elvira Hernández, «el escorzo de la derrota». Antes y después, en doce libros, Teillier es autor de muchos poemas inolvidables, como «La ventana abierta», «Retrato de mi padre, militante comunista» o «Carta a Mariana». Y lo demás, un feliz reiterar «los deseos de quien no teme repetirse», como se lee en uno de sus poemas tardíos.

Con un verso de «Twilight» podría resumirse, en fin, esta poesía como un «viaje de ebrios entre la susurrante penumbra / esquivando las ramas enloquecidas». Viaje, ebriedad, susurros y penumbras. Y esas ramas enloquecidas —notable forma de la contingencia en el poema— que aluden a lo esencial de lo humano, la fatalidad, la penuria que no excluye la posibilidad del gozo, de la alegría, pues los versos y los sujetos de la poesía de Teillier parecen lúcidos habitantes de eso que Alfonso Alcalde llamara «la comarca de la dicha y la agonía». Se desliza el poeta por la vida, por el tiempo, por los caminos del sur, por la ciudad y la memoria, por los amores, pero las ramas enloquecidas una y otra vez perturban todo andar. Es decir, la maravillosa y maldita vida hace lo suyo, aparecen sus ramas y sus ramales y lo que resulta de ese deambular y de ese esquivar es lo que somos o fuimos, lo que Teillier expone.

En esa comarca de dichas y agonías, en el afán de resistir o más bien de desistir el tiempo —al menos su linealidad y su banal optimización—, se da una convivencia rulfiana de vivos y muertos: «Los patios se llenan de niebla. / El padre lee un cuento de hadas / y el hermano muerto escucha tras la puerta». Entre unos y otros, leemos a Teillier.

Viña del Mar, abril 2023

JORGE TEILLIER, POETA FRONTERIZO

Eduardo Llanos Melussa

En varias ocasiones, y aun sabiendo que la opinión incomoda a muchos, he manifestado que la generación de poetas chilenos nacidos alrededor de 1930 es, *por* su diversidad —y no *a pesar de* ella—, un fenómeno especial en nuestra tradición y en el contexto de la poesía coetánea del continente. No se trata ya, por cierto —y por suerte—, de esos padres tutelares que marcaron nuevos rumbos para el género en el habla hispánica (Gabriela Mistral, Vicente Huidobro, Pablo de Rokha, Pablo Neruda, Nicanor Parra); tampoco se trata de figuras que se hayan sentido en la obligación de romper con aquellos antepasados o con otros generacionalmente más próximos, como Eduardo Anguita (1914-1992) o Gonzalo Rojas (1916-2011). Se trata de un grupo que, si bien no parece propiamente una generación, constituye un estadio de consolidación de lo que durante la primera mitad del siglo xx venía articulándose como nuestra tradición poética y que, en buenas cuentas, constituye una especie de antitradición: un espacio amplio y libertario en el que diversos poetas, de concepciones y actitudes a veces contrapuestas, practican una coexistencia más o menos pacífica y, sobre todo, productiva.

En efecto, durante los años sesenta se dio en Chile una indiscutible expansión no sólo de la escritura, sino también de la crítica (en muchos casos ejercida por los escritores mismos), de cuyo maridaje son expresión inequívoca las varias revistas amigas —no competitivas—, los encuentros intergeneracionales y los congresos. Y aunque hubo también escenas de desencuentros y rivalidades, estos poetas contaban —y cuentan todavía— con lectores comunes, atentos más al valor intrínseco de las obras que a las manifestaciones extraliterarias. Así, pues, junto a Enrique Lihn (1929-1988) y Jorge Teillier (1935-1996), el espacio poético contaba con la presencia activa y enriquecedora de otros poetas de evidente oficio y no poco admirados: Miguel Arteche (1926-2012), Alberto Rubio (1928-2002), Efraín Barquero (1931-2020) y Armando Uribe (1993-2020). La lista podría ampliarse con Carlos de Rokha (1920-1962), Alfonso Alcalde (1921-1992), Fernando González Urízar (1922-2003), Jorge Cáceres (1923-1949), Eliana Navarro (1920-2006), Cecilia Casanova (1926-2014), Raúl Rivera (1926), David Rosenmann Taub (1927), Luis Vulliamy (1929-1988), Sergio Hernández (1931-2010), Pedro Lastra (1931) y Rolando Cárdenas (1933-1990). Más allá de lo discutible de una mención tan enumerativa, está el hecho concreto de una actividad poética diversa, cultivada en un ambiente de relativa tolerancia mutua y en el que casi todos tenían conciencia de pertenecer a un mundo que estaba haciéndose (no deshaciéndose), el cual recibía sus publicaciones de manera silenciosa y acaso no muy entusiasta, pero seguramente con más profundidad y sinceridad que las apreciables hoy en esas audiencias acríticas, que confunden la poesía con el estrellato publicitario.

En ese mismo contexto, los poetas jóvenes (Floridor Pérez, Óscar Hahn, Manuel Silva Acevedo, Hernán Miranda, Waldo Rojas, Claudio Bertoni, Gonzalo Millán) heredan tempranamente e intensifican ese sentido de la fraternidad y esa conciencia del trabajo colectivo; sólo que su desarrollo se vio tronchado dolorosamente por el golpe militar y varios de ellos sufren la prisión política, el exilio o el autoexilio (cesantía, marginación).

Finalmente, en el caso de mi hornada, aunque ha producido obras que obviamente enriquecen el acervo poético nacional, creo que muestra *como promedio* un nivel de oficio *comparativamente bajo*, que resulta dramático si se lo relaciona con los ambiciosos proyectos neofundacionales que animaban a algunos de ellos y que, en los años ochenta, se tenían por renovaciones indiscutibles.

Esta visión un tanto sombría de nuestro panorama poético no me parece, sin embargo, atrabiliaria, sino más bien realista, y creo que depende más bien del contexto histórico que de mi subjetividad. Ciertamente, no se me oculta la existencia de algunos hechos (invitaciones internacionales, traducciones, premios, juicios laudatorios de críticos prestigiados) que parecen contradecir el diagnóstico de involución que he venido trazando y que yo mismo preferiría que fuera más optimista. El problema es que también la poesía que actualmente se está publicando en nuestra lengua es, como globalidad, inferior a la que surgía en los años sesenta, cuando campeaba una creatividad formidable por todos o casi todos los ámbitos de la cultura latinoamericana.

Pues bien: la poesía de Teillier era parte relevante de esa nueva ola, de cuya salud expresiva —prodigada en numerosos grupos y revistas por todo el continente— no se ha hecho todavía un registro antológico representativo. Pero, aunque mayoritariamente las antologías hispanoamericanas de la última década omitan a Teillier[1] (por desgracia, las excepciones son escasas),[2] lo cierto es que debería figurar en ellas por derecho propio. De veras haría bien leer sus mejores poemas junto a los de nuestro querido e insobornable Enrique Lihn, o frente a los versos de Ernesto Cardenal, Roberto Juarroz, Jaime Sabines, Blanca Varela, Carlos Germán Belli, Francisco Madariaga, los cubanos Eliseo Diego y Fayad Jamís (con los que tiene notorias afinidades), Juan Gelman, Rafael Cadenas, Juan Calzadilla, Roque Dalton, Alejandra Pizarnik, para nombrar a algunos de los poetas hispanoamericanos de su generación.

---

[1] Tal ocurre con muchas antologías que —por su extensión y/o por el prestigio tanto de los antólogos como del sello editorial— pueden considerarse más relevantes. He aquí algunas de las mejores, siguiendo un orden cronológico de aparición: [1] Pedro Lastra y Luis Eyzaguirre, eds., *Catorce poetas hispanoamericanos de hoy* (Número especial de *Inti*, Revista de Literatura Hispánica, 18-19, otoño 1983-primavera 1984); [2] Jorge Rodríguez Padrón, *Antología de poesía hispanoamericana (1915-1980)* (Editorial Espasa-Calpe, Madrid, 1984); [3] Juan Gustavo Cobo Borda, *Antología de la poesía hispanoamericana* (FCE, México, 1985); [4] José Antonio Escalona-Escalona, *Muestra de poesía hispanoamericana del siglo XX* (Biblioteca Ayacucho, Caracas, 1985, 2 tomos); [5] Julio Ortega, *Antología de la poesía hispanoamericana actual* (Siglo XXI editores, México, 1987); [6] Francesco Tentori Montalto, *Poeti ispanoamericani del Novecento* (Tascabili Bompiani, Milán, 1987, 2 tomos).

[2] Entre los antólogos que han hecho justicia a Teillier están: [1] Mario Marcilese, *Antología poética hispanoamericana actual* (Editorial Platense, La Plata, 1968, 2 volúmenes); [2] Daniel Barros, *Antología básica contemporánea de la poesía latinoamericana* (Ediciones de la Flor, Buenos Aires, 1979); [3] Guillermo Sucre, coord., *Antología de la poesía hispanoamericana moderna* (Monte Ávila Editores Latinoamericana, Universidad Simón Bolívar, Caracas, 1993, 2 tomos); [4] Mario Campaña, *Visiones de lo real en la poesía hispanoamericana* (DVD Ediciones, Barcelona, 2001); [5] Eduardo Milán, Andrés Sánchez Robayna, J. A. Valente y Blanca Varela, *Por ínsulas extrañas. Antología de poesía en lengua castellana* (Galaxia Gutenberg, Círculo de Lectores, Barcelona, 2002).

Cuando la editorial Fondo de Cultura Económica me solicitó un prólogo para la presente antología de Teillier, pensé que el poeta contaba con plumas más idóneas que la mía para tal tarea (que por cierto es honrosa). Sin embargo, acepté de buen grado hacerlo, tras cerciorarme de que lo esperado no es tanto un estudio crítico, cuanto un testimonio de *un* (no *el*) poeta de mi generación. Así, pues, las páginas presentes están escritas a partir de una óptica intergeneracional, pues creo que una nueva generación se transforma en tal mediante un vínculo activo con la producción poética anterior. Por cierto, no hablo de asumir actitudes panegíricas ni mitificantes: basta con que no haya amnesia ni demasiados conflictos edípicos (sobre todo si no se desea prolongar el efecto de largo plazo del régimen militar —y sus ideólogos neofundacionales y sus disimulados operadores—, cuya pretensión mayor consistió y consiste aún en convencernos de que con ellos nuestra sociedad renacía desde las cenizas).

Desde esta perspectiva intergeneracional, quisiera explicitar lo que recién dejé insinuado: más que en otros casos, la poesía de Teillier me resulta indiscernible de su persona. Quiero decir que su subjetividad y su mundo impregnan de tal manera su lírica, que esta ofrece una especial esfericidad, una atmósfera propia que uno reconoce de inmediato como teillierana:

> Cuando todos se vayan a otros planetas
> yo quedaré en la ciudad abandonada
> bebiendo un último vaso de cerveza,
> y luego volveré al pueblo donde siempre regreso
> como el borracho a la taberna
> y el niño a cabalgar
> en el balancín roto.
> Y en el pueblo no tendré nada que hacer,
> sino echarme luciérnagas a los bolsillos
> o caminar a orillas de rieles oxidados
> o sentarme en el roído mostrador de un almacén
> para hablar con antiguos compañeros de escuela.

Como una araña que recorre
los mismos hilos de su red
caminaré sin prisa por las calles
invadidas de malezas
mirando los palomares
que se vienen abajo,
hasta llegar a mi casa
donde me encerraré a escuchar
discos de un cantante de 1930
sin cuidarme jamás de mirar
los caminos infinitos
trazados por los cohetes en el espacio.

Este poema abre una ventana al mundo teilleiriano. Para empezar, deja ver la intensa oposición entre metrópolis y aldea: pese a ser más populosa, la ciudad quedará abandonada precisamente porque sus habitantes viven en ella como de paso y pueden dejarla para partir a otros planetas; en cambio, la aldea sigue atrayendo al poeta porque es un lugar amable, hecho a escala humana. Enseguida, y sin perjuicio de lo anterior, la aldea misma también parece estar despoblándose. Ante eso, el poeta persistirá en su opción de vida provincial (bien que no provinciana); caminará por sus calles «Como una araña que recorre / los mismos hilos de su red», sin desafectarse del entorno, a pesar de las señas de deterioro del mismo (óxido, maleza, «los palomares / que se vienen abajo»); conversará con amigos de infancia o se encerrará a escuchar discos de cantantes pasados de moda. Así, aproximándose un poco más a este mundo, uno descubre la clave de su coherencia: definitivamente, el poeta perseverará en sus lealtades porque comprende que ellas le dan su identidad y su razón de ser.

Como muy bien expresa Jaime Giordano, los lectores que hayan seguido el itinerario de Teillier «tienen dos alternativas: lamentarse de que el poeta siga "en lo mismo", que no haya cambiado, como si los poetas tuvieran que estar siempre sorprendiendo a un lector viciado por la insaciabilidad consumista actual, o felicitarse por lo mismo, por el hecho de que el poeta no se haya corrompido ni haya renegado de su mundo».[3] En lo personal, el principal motivo por el cual releo y valoro la poesía de Teillier es precisamente la certeza de reencontrar allí el eslabón perdido de esa larga cadena de esfuerzos por ofrecer una alternativa ética y estética en un área cada vez más asediada por el mercantilismo, el dogmatismo instrumentalizador, cuando no el mero oportunismo. Véase, por ejemplo, este fragmento de «El poeta de este mundo», en el que Teillier dialoga con el poeta francés René Guy Cadou —citándolo—, pero al mismo tiempo hilvana una suerte de declaración de principios:

> [...] Tú sabías que la poesía debe ser *usual como el cielo*
> *que nos desborda,*
> que no significa nada si no permite a los hombres
> acercarse y conocerse.
> La poesía debe ser una moneda cotidiana
> y debe estar sobre todas las mesas
> como el canto de la jarra de vino que ilumina los caminos
> del domingo.
> Sabías que las ciudades son accidentes que no
> prevalecerán frente a los árboles,
> que la poesía no se pregona en las plazas ni se va a vender
> a los mercados a la moda, [...]

Esta oscilación entre el mundo y el trasmundo (Cadou murió en 1951, de modo que la palabra se dirige a un difunto), esa fluctuación entre la realidad propia y la ajena, entre la vivencia y la memoria, entre la circunstancia precaria y la plenitud de un paraíso perdido y a medias recobrable, es lo que mejor caracteriza a la poesía teillieriana. Pero ello se deja entrever tras unas nieblas que pueden llamar a engaño. En rigor, ese paisaje de la Frontera (con sus bosques y sus aldeas atravesadas melancólicamente por trenes nocturnos) pertenece y no pertenece a Chile; esa niñez perdida (la única patria de la que todos somos exiliados, según Rilke) y esa vida provinciana son y no son el objeto de la añoranza. Así, la poesía de Teillier es fronteriza

---

[3] Jaime Giordano, *Dioses, Antidioses... Ensayos críticos sobre poesía hispanoamericana*, Ediciones LAR, Santiago, 1987, p. 290.

en un sentido más profundo: en ella se asiste a un movimiento que parece efectuarse y anularse simultáneamente, y que en todo caso compatibiliza polaridades aparentemente antinómicas: marginación y participación profundas; retraimiento y cálida proximidad; introspección y diálogo; paisaje e interioridad; conciencia viva del aquí-ahora y eterno retorno al País de Nunca Jamás; resignación y esperanza; aceptación del propio sino y evasión nostálgica hacia un pretérito ennoblecido por un recuerdo afectuoso; valoración del mundo real y aspiración a una quimera mítica. La figura del poeta se revela entonces mucho más compleja y completa: retrocede evocativamente hacia un pasado irrecuparable, pero en ese gesto tiende también hacia el horizonte de un futuro posible, que por cierto retrocede al mismo ritmo con que este hijo pródigo se le aproxima.

Esta sutil dialéctica existencial y creadora, ¿no se anunciaba ya desde el título del primer libro, *Para ángeles y gorriones*? ¿Cómo no notar ahí un contraste y al mismo tiempo cierta afinidad secreta entre los opuestos: naturaleza (gorriones) y espíritu (ángeles), arraigo y elevación, permanencia y continuidad?

Claro está que tal compatibilidad entre los opuestos resultará casi insostenible en el mundo apoético que está más allá del entorno protegido de la infancia, la provincia y la atmósfera mítica. Sin embargo, el poeta no se rendirá jamás. Y es precisamente la autenticidad del esfuerzo por superar la escisión poesía/vida, cada vez más dolorosa e inevitable, lo que permite comparar a Teillier con Lihn. Más allá de sus obvias diferencias, ambos representan los últimos y más denodados agonismos poético-existenciales de nuestro país. La lealtad hacia sí mismo no es en ellos mera tozudez u orgullo narcisista; es una vigilia que en medio del tráfago del progreso posmoderno puede, paradójicamente, parecer ensueño o somnolencia, pero que en realidad constituye el cumplimiento de una misión irrenunciable. De ahí ese giro metapoético que frecuentemente aparece en su obra (gesto propio, según Heidegger, de quien oficia como poeta en tiempos de penuria). El mismo Teillier lo expresa con toda claridad: «Porque no importa ser buen o mal poeta, escribir buenos o malos versos, sino transformarse en poeta, superar la avería de lo cotidiano, luchar contra el universo que se deshace, no aceptar los valores que no sean poéticos [...]».[4]

En la poesía de Teillier, los diálogos son silenciosos y los silencios son dialogantes. Y no estoy haciendo un juego de palabras ni denunciando una ambigüedad, sino indicando los signos de una integridad, de una coherencia que se tiende y reposa sobre la realidad tan vastamente que se deja sentir con un peso centrípeto: un arraigo inefable que hasta se resiste a la verbalización, como un felino capaz de movimientos rápidos y elegantes, pero que se siente mejor en el sosiego. Paradojalmente, desde la profundidad experiencial de ese arraigo surge la contemplación activa: «El invierno trae caballos blancos que resbalan en la helada». ¿De dónde proviene la fuerza poética de esa imagen? Precisamente, de ese carácter fronterizo, de ese oscilar en la colindancia de lo visto y lo imaginado, en que tanto el invierno como los caballos blancos resbalando en la helada son elementos reales y *al mismo tiempo* signos de otra realidad: el trasunto lírico de un estado de alma individual y arquetípicamente colectivo. Y es que en Teillier se admira sobre todo su atmósfera, su capacidad evocadora y comunicante, su congruencia, su lealtad hacia sí mismo, hacia su mundo y hacia el oficio. «El poeta —expresa— es el guardián del mito y de la imagen hasta que lleguen tiempos mejores».[5]

En verdad, cualquier tiempo es propicio para leer a un poeta genuino, pero una ocasión como esta, en que se tiene ante la vista una retrospectiva panorámica, es mejor que otras. Así, siguiendo su evolución de los primeros poemas a los últimos, quisiera finalmente ponderar la precoz madurez poética de Teillier, hasta ahora inigualada. En efecto, ¿cuántos poetas —coetáneos o posteriores— han llegado a los veintiocho años manteniendo en cuatro libros ese nivel de calidad y consistencia? ¿Y cuántos han sostenido hasta el fin de sus días una coherencia equivalente? De hecho, es significativo que el poema

---

[4] Ver «Sobre el mundo donde verdaderamente habito», texto fundamental que figura como prólogo en *Muertes y maravillas* (Editorial Universitaria, Santiago, 1971, pp. 10-19). La primera versión de este texto, escrita en Valdivia y Santiago en octubre de 1968 —un año clave en la historia del siglo xx—, apareció en la revista *Trilce* (Valdivia, 1968) y fue incluida también por Alfonso Calderón entre los apéndices de su ejemplar *Antología de la poesía chilena contemporánea* (Editorial Universitaria, Santiago, 1971, pp. 351-359). Se incluye como epílogo de esta edición.
[5] «Sobre el mundo donde verdaderamente habito», *ibid.*, p. 14.

«Despedida», con que termina su tercer libro, haya sido retomado como cierre también en varios otros libros posteriores. Y es que se puede leer ese poema como resumen condensado del *ethos* del autor y también como muestra representativa de toda su obra; un indicio, en fin, de que en Teillier juventud y madurez son un estado casi intemporal del espíritu antes que fases de su desarrollo personal:

> [...] Me despido de una muchacha
> que sin preguntarme si la amaba o no la amaba
> caminó conmigo y se acostó conmigo
> cualquiera tarde de esas en que las calles se llenan
> de humaredas de hojas quemándose en las acequias.
>
> Me despido de una muchacha
> cuyo rostro suelo ver en sueños
> iluminado por la triste mirada
> de trenes que parten bajo la lluvia.
>
> Me despido de la memoria
> y me despido de la nostalgia
> —la sal y el agua
> de mis días sin objeto—
>
> y me despido de estos poemas:
> palabras, palabras —un poco de aire
> movido por los labios— palabras
> para ocultar quizás lo único verdadero:
> que respiramos y dejamos de respirar.

Compartamos, pues, esa actitud, y dejemos que el lector se oxigene a su vez con esta noble poesía, que *es un respirar en paz / para que los demás respiren.*

Santiago, junio 1991, junio 2007

I

PARA ÁNGELES Y GORRIONES

PARA ÁNGELES Y GORRIONES
Ediciones Puelche
Santiago de Chile, 1956

Cuando las amadas palabras cotidianas
pierden su sentido
y no se puede nombrar ni el pan,
ni el agua, ni la ventana,
y ha sido falso todo diálogo que no sea
con nuestra desolada imagen,
aún se miran las destrozadas estampas
en el libro del hermano menor,
es bueno saludar los platos y el mantel puestos sobre la mesa,
y ver que en el viejo armario conservan su alegría
el licor de guindas que preparó la abuela
y las manzanas puestas a guardar.

Cuando la forma de los árboles
ya no es sino el leve recuerdo de su forma,
una mentira inventada
por la turbia memoria del otoño,
y los días tienen la confusión
del desván a donde nadie sube
y la cruel blancura de la eternidad
hace que la luz huya de sí misma,
algo nos recuerda la verdad
que amamos antes de conocer:
las ramas se quiebran levemente,
el palomar se llena de aleteos,
el granero sueña otra vez con el sol,
encendemos para la fiesta
los pálidos candelabros del salón polvoriento
y el silencio nos revela el secreto
que no queríamos escuchar.

Esta noche duermo bajo un viejo techo,
los ratones corren sobre él, como hace mucho tiempo,
y el niño que hay en mí renace en mi sueño,
aspira de nuevo el olor de los muebles de roble,
y mira lleno de miedo hacia la ventana,
pues sabe que ninguna estrella resucita.

Esa noche oí caer las nueces desde el nogal,
escuché los consejos del reloj de péndulo,
supe que el viento vuelca una copa del cielo,
que las sombras se extienden
y la tierra las bebe sin amarlas,
pero el árbol de mi sueño sólo daba hojas verdes
que maduraban en la mañana con el canto del gallo.

Esta noche duermo bajo un viejo techo,
los ratones corren sobre él, como hace mucho tiempo,
pero sé que no hay mañanas y no hay cantos de gallos,
abro los ojos para no ver reseco el árbol de mis sueños,
y bajo él, la muerte que me tiende la mano.

Sentados frente al fuego que envejece
miro su rostro sin decir palabra.
miro el jarro de greda donde aún queda vino,
miro nuestras sombras movidas por las llamas.

Ésta es la misma estación que descubrimos juntos,
a pesar de su rostro frente al fuego,
y de nuestras sombras movidas por las llamas.
Quizás si yo pudiera encontrar una palabra.

Ésta es la misma estación que descubrimos juntos:
aún cae una gotera, brilla el cerezo tras la lluvia.
Pero nuestras sombras movidas por las llamas
viven más que nosotros.

Sí, ésta es la misma estación que descubrimos juntos:
—Yo llenaba esas manos de cerezas, esas
manos llenaban mi vaso de vino—.
Ella mira el fuego que envejece.

De nuevo vida y muerte se confunden
como en el patio de la casa
la entrada de las carretas
con el ruido del balde en el pozo.
De nuevo el cielo recuerda con odio
la herida del relámpago,
y los almendros no quieren pensar
en sus negras raíces.

El silencio no puede seguir siendo mi lenguaje,
pero sólo encuentro esas palabras irreales
que los muertos les dirigen a los astros y a las hormigas,
y de mi memoria desaparecen el amor y la alegría
como la luz de una jarra de agua
lanzada inútilmente contra las tinieblas.

De nuevo sólo se escucha
el crepitar inextinguible de la lluvia
que cae y cae sin saber por qué,
parecida a la anciana solitaria que sigue
tejiendo y tejiendo;
y se quiere huir hacia un pueblo
donde un trompo todavía no deja de girar
esperando que yo lo recoja,
pero donde se ponen los pies
desaparecen los caminos,
y es mejor quedarse inmóvil en este cuarto
pues quizás ha llegado el término del mundo,
y la lluvia es el estéril eco de ese fin,
una canción que tratan de recordar
labios que se deshacen bajo tierra.

Tal vez nos queda contemplar el cielo.
Nunca estuvo entre nosotros.
Aun cuando la lluvia se escurrió entre los dedos,
y los dedos capturaron al humo en el sueño.
No sabíamos nada.
Lo miramos porque un amigo
nos reveló el nombre de una nube,
porque una muchacha nos pidió le eligiéramos una estrella,
o a la salida de la fiesta
creyendo que su rostro nos libraría
de la falsa música y el vino.
Ahora nuestros ojos deben olvidar que lo vieron,
así el niño olvida su primer paso, y la luz olvida la oscuridad,
cuando duerme como una joven bajo la sombra de los castaños.

Miramos el cielo por primera vez,
hasta que se pierde la memoria de ese otro cielo,
cuyo espectro velaban las fúnebres antorchas de los pinos,
o aquel resplandor hizo resucitar el trigo
y relinchar los caballos:
el cielo abierto a nosotros como fruto sin corteza.

Recobramos el cielo,
padre del agua y del fuego
apenas torpes reflejos de la tempestad y el rayo;
el cielo a quien en vano tratan de hablar el mar y las estaciones
con palabras como: peces de oro, oleaje de lomas florecidas.
El cielo cuya imagen tratamos de copiar nosotros
enmudecidos y cegados
al ver que en ella está nuestra verdadera imagen,
hasta que la quietud de la oscuridad nos rodea y aísla.
La quietud de la oscuridad
donde se sumerge el cielo.

Siento correr por las venas del campo
un jinete nocturno enmascarado.
La noche. Galopan en caballos robados
los cuatreros arreando los vacunos.

Surgen los trenes. Las reses se levantan
allá en los grandes galpones de madera.

Es la noche, de nuevo. Mi abuelo se despierta,
rehecha su condición antigua
y contempla, como ayer, al trigo.
Debe andar mi abuelo por los campos recién arados
hablando con los pinos, espantando gorriones.
Mi abuelo tiene una voz profunda, aprendida del tiempo.
El campo está solo, tembloroso. Y él lo mira.

El vino es un joven bonachón y alegre.
Sucede que quiere iluminar la noche
y baja a las aldeas, envuelto en una manta.

La mañana tiene olor a pan recién amasado.
La ropa recién lavada dice «adiós» en los patios.
Un fantasma penetra en la leñera.
Más allá de las nubes viene el granizo,
bandolero blanco, asaltante de huertos.

Y es la noche.
Va a penetrar al pueblo
un jinete nocturno enmascarado.

II

EL CIELO CAE CON LAS HOJAS

EL CIELO CAE CON LAS HOJAS
Ediciones Alerce de la Sociedad
de Escritores de Chile
Editorial Universitaria
Santiago de Chile, 1958

Los caballos se detienen.

Los belfos de los caballos desordenan el agua
y mezclan el rostro de las hojas.
Hemos llegado cerca de un pueblo.
La niebla rodea casas que apenas existen.

*Viajemos, antes que las aves
den comienzo al verano,
cuando vuelvan al estero
en busca de su olvidada imagen.*

Vamos hacia un lugar que no conozco,
pero cuyo reflejo me permite vivir.
El camino se pierde en la niebla.
Vamos, lento trote de caballos,
el agua aún no se escurre de vuestros belfos.

*Viajemos, antes que las aves
den comienzo al verano,
cuando en el estero encuentren
su antigua imagen olvidada.*

Centellean los rieles
pero nadie piensa en viajar.
De la sidrería viene olor
a manzanas recién molidas.
Sabemos que nunca estaremos solos
mientras haya un puñado de tierra fresca.

La llovizna es una oveja compasiva
lamiendo las heridas
hechas por el viento de invierno.
La sangre de las manzanas
ilumina la sidrería.

Desaparece la linterna roja
del último carro del tren.
Los vagabundos duermen
a la sombra de los tilos.
A nosotros nos basta mirar
un puñado de tierra en nuestras manos.

Es bueno beber un vaso de cerveza
para prolongar la tarde.
Recordar el centelleo de los rieles.
Recordar la tristeza
dormida como una vieja sirvienta
en un rincón de la casa.
Contarles a los amigos desaparecidos
que afuera llueve en voz baja
y tener en las manos
un puñado de tierra fresca.

Todavía yace bajo el manzano
el tílburi cansado de los abuelos.
¿Quién recogerá esas manzanas
donde aún brilla un sol de otra época?
El cerco se pudre.
La ortiga invade al jardín.
Alguien mira al tílburi
y apenas lo distingue
en la luz oscilante
entre la tarde y la noche.

Bodas y entierros.
Una tarde entera luchando contra el barro
cuando íbamos al pueblo recién fundado.
Un viaje de ebrios entre la susurrante penumbra
esquivando las ramas enloquecidas.
Viajamos y viajamos
aun sabiendo que todo no puede sino terminar
en una casa miserable desde donde se mira
esa luz obstinada en pelear contra la noche.

¿Quién recogerá las manzanas
donde aún puede vivir un sol de otra época?
La ortiga invade el jardín.
El día no alcanza a refugiarse en la casa.
Para huir de la oscuridad sólo hay un tílburi cansado
que no se cansa de luchar contra la noche.

III
EL ÁRBOL DE LA MEMORIA

EL ÁRBOL DE LA MEMORIA
Imprenta Arancibia Hnos.
Santiago de Chile, 1961
Premio Gabriela Mistral
Premio Municipal de Poesía

Solitario camino rural
a fines del verano.
¿Qué puedo hacer
troncos podridos sobre el charco?

Temo llegar al pueblo
cuando la niebla se desprende de la tierra.
Temo llegar al pueblo
porque a otro esperan allí
las mujeres que duermen en montones de heno.
Para otro van a amasar pan las hermanas esta noche.
Para otro contarán historias
los que encienden hogueras en los barbechos.

Aparecen lejanas luces
como débiles tañidos de guitarras.
Las perdices silban
llamando a sus parejas.
El pozo se anega de hojas de castaños.
Alguien cierra las ventanas
para no sentir el cruel olor
a glicinas de otro verano.
Salen estrellas desesperadas
como abejas que no pueden hallar el colmenar.

¡Adiós, troncos podridos sobre el charco!
Voy hacia un pueblo donde nadie me espera
por un solitario camino rural
a fines del verano.

Te gusta llegar a la estación
cuando el reloj de pared tictaquea,
tictaquea en la oficina del jefe-estación.
Cuando la tarde cierra sus párpados
de viajera fatigada
y los rieles ya se pierden
bajo el hollín de la oscuridad.

Te gusta quedarte en la estación desierta
cuando no puedes abolir la memoria,
como las nubes de vapor
los contornos de las locomotoras,
y te gusta ver pasar el viento
que silba como un vagabundo
aburrido de caminar sobre los rieles.

Tictaqueo del reloj. Ves de nuevo
los pueblos cuyos nombres nunca aprendiste,
el pueblo donde querías llegar
como al niño el día de su cumpleaños
y los viajes de vuelta de vacaciones
cuando eras —para los parientes que te esperaban—
sólo un alumno fracasado con olor a cerveza.

Tictaqueo del reloj. El jefe-estación
juega un solitario. El reloj sigue diciendo
que la noche es el único tren
que puede llegar a este pueblo,
y a ti te gusta estar inmóvil escuchándolo
mientras el hollín de la oscuridad
hace desaparecer los durmientes de la vía.

I

Antes que de nuevo floreciera
la sangre en la piedra de sacrificio
había un puerto de días tranquilos
como ruidos de remos en el agua.
Allí había tiempo de sobra
para escuchar horas y horas el griterío de las gaviotas,
o buscar una vertiente para beber tras las cacerías de otoño,
o dormir largas tardes escuchando entre sueños
a los pinos de cara arrugada
que enseñaban a hablar a los primeros brotes de la primavera.
Hasta que de pronto todo volvió a ser como en el principio:
sólo el frío y el chillido de un pájaro,
sólo el ruido de las olas
rompiendo un esqueleto lanzado al roquerío.

Antes de que otra vez las hechiceras de la tribu
sintieran que la tierra
pedía la sangre de un inocente para calmar al océano,
en los grandes días de 1900
cuando los vapores llegaban cargados de trigo por el río;
había un pueblo rodeado de bosques en incendio,
y de sementeras que conocían sólo pasos de pies desnudos.
Pueblo de curas y de cantinas,
de pescadores con hijos hambrientos,
de muchachas rubias
rodeadas de espinos blancos a la salida de la novena
y de prostitutas sarnosas en torno a braseros.
Pueblo en donde nadie tenía sueños
y se enterraba a los muertos en un cerro lejano
pero se los sentía respirar en el polvo y el barro,

hasta que todo volvió a su comienzo:
sólo el frío y el chillido de un pájaro,
sólo las olas rompiendo un esqueleto lanzado al roquerío.

II

La tierra devuelve a las aguas
lo que les pertenece desde antes del principio de los tiempos,
y en el pueblo no queda nadie para colocar una luz en
      la ventana
que guíe la llegada del alba
después que el mar se retira, cumplida su faena,
dejando a la oscuridad y la muerte
dueñas de todas las calles:
la calle del molino, la calle del aserradero,
la calle del muelle, la calle de las carretas.
En los cerros y bosques
yerran los hombres encendiendo fogatas como los antepasados
y llamándose con nombres confusos
que nunca conocieron antes.
La hojarasca de las madres se arrastra llorosa
y los hijos sólo hallan refugio en brazos de extraños.

La locura y el miedo
tañen sus campanas entre la oscuridad y las ruinas
y les contestan los perros
que buscan inútilmente a sus amos en los matorrales
      y pantanos
mientras en el roquerío las olas quiebran el esqueleto
del niño que les fuera entregado.

III

Una lluviosa primavera resucita como de costumbre
hablando con las mismas hojas
que rodearon el sueño de la Bella Durmiente
y restaña las heridas de la costa,

mientras el sol despreocupado pasea en mangas de camisa
y al pie del roquerío
las algas envuelven con dulzura
el esqueleto del inocente.

En el cementerio del cerro
la primavera se detiene para que florezcan amapolas
en los párpados de los muertos.
Los martillazos y los chillidos de las tablas
anuncian que el pueblo resucita
como el vaso quebrado en el cual pondremos las mismas
        luciérnagas
que los abuelos persiguieron en una primavera de 1900.

El pueblo nace de nuevo
de manos de los rústicos que fueron amenazados de
        fusilamiento
si reclamaban el pan que les pertenecía;
nace de nuevo de manos de aquellos
a quienes los poderosos condenan a pudrirse
como los jergones de paja en las cárceles.
Y la primavera que recorre las playas abandonadas
hace callar al oleaje
y escucha los lejanos cánticos de resurrección.

Puerto Saavedra, 1960

> *… el caso no ofrece*
> *ningún adorno para la diadema de las Musas.*
> Ezra Pound

Me despido de mi mano
que pudo mostrar el rayo
o la quietud de las piedras
bajo las nieves de antaño.

Para que vuelvan a ser bosques y arenas
me despido del papel blanco y de la tinta azul
de donde surgían ríos perezosos,
cerdos en las calles, molinos vacíos.

Me despido de los amigos
en quienes más he confiado:
los conejos y las polillas,
las nubes harapientas del verano,
mi sombra que solía hablarme en voz baja.

Me despido de las virtudes y de las gracias del planeta:
los fracasados, las cajas de música,
los murciélagos que al atardecer se deshojan
de los bosques de casas de madera.

Me despido de los amigos silenciosos
a los que sólo les importa saber
dónde se puede beber algo de vino
y para los cuales todos los días
no son sino un pretexto
para entonar canciones pasadas de moda.
Me despido de una muchacha

que sin preguntarme si la amaba o no la amaba
caminó conmigo y se acostó conmigo
cualquiera tarde de esas en que las calles se llenan
de humaredas de hojas quemándose en las acequias.

Me despido de una muchacha
cuyo rostro suelo ver en sueños
iluminado por la triste mirada
de trenes que parten bajo la lluvia.

Me despido de la memoria
y me despido de la nostalgia
—la sal y el agua
de mis días sin objeto—

y me despido de estos poemas:
palabras, palabras —un poco de aire
movido por los labios— palabras
para ocultar quizás lo único verdadero:
que respiramos y dejamos de respirar.

IV

POEMAS DEL PAÍS
DE NUNCA JAMÁS

POEMAS DEL PAÍS DE NUNCA JAMÁS
Colección El Viento en la Llama,
dirigida por Armando Menedín
Imprenta Arancibia Hnos.
Santiago de Chile, 1963

Un desconocido silba en el bosque.
Los patios se llenan de niebla.
El padre lee un cuento de hadas
y el hermano muerto escucha tras la puerta.

Se apaga en la ventana
la bujía que nos señalaba el camino.
No hallábamos la hora de volver a casa,
pero nos detenemos sin saber dónde ir
cuando un desconocido silba en el bosque.

Detrás de nuestros párpados surge el invierno
trayendo una nieve que no es de este mundo
y que borra nuestras huellas y las huellas del sol
cuando un desconocido silba en el bosque.

Debíamos decir que ya no nos esperen,
pero hemos cambiado de lenguaje
y nadie podrá comprender a los que oímos
a un desconocido silbar en el bosque.

JUEGOS

Los niños juegan en sillas diminutas,
los grandes no tienen nada con qué jugar.
Los grandes dicen a los niños
que se debe hablar en voz baja.
Los grandes están de pie
junto a la luz ruinosa de la tarde.

Los niños reciben de la noche
los cuentos que llegan
como un tropel de terneros manchados,
mientras los grandes repiten
que se debe hablar en voz baja.

Los niños se esconden
bajo la escalera de caracol
contando sus historias incontables
como mazorcas asoleándose en los techos
y para los grandes sólo llega el silencio
vacío como un muro que ya no recorren sombras.

A Alain-Fournier

Estrellas rojas y blancas nacían de tus manos.
Era en 189... en La Chapelle-d'Angillon,
eran las estrellas eternas
del cielo de la adolescencia.
En la noche apagaste las lámparas
para que halláramos los caminos perdidos
que nos llevan hacia un laúd roto y trajes de otra época,
hacia una caballeriza ruinosa y un granero de fiesta
en donde se reúnen muchachas y ancianas que lo
            perdonan todo.

Pues lo que importa no es la luz que encendemos día a día,
sino la que alguna vez apagamos
para guardar la memoria secreta de la luz.
Lo que importa no es la casa de todos los días
sino aquella oculta en un recodo de los sueños.
Lo que importa no es el carruaje
sino sus huellas descubiertas por azar en el barro.
Lo que importa no es la lluvia
sino sus recuerdos tras los ventanales del pleno verano.

Te encontramos en la última calle de una aldea sureña.
Eras un vagabundo de barba crecida con una niña en brazos,
era tu sombra —la sombra del desaparecido en 1914—
que se detenía a mirar a los niños jugar a los bandidos,
o perseguir gansos bajo una desganada llovizna,
o ayudar a sus madres a desvainar arvejas
mientras las nubes pasaban como una desconocida,
la única que de verdad nos hubiese amado.

Anochece.
Y al tañido de una campana llamando a la fiesta
se rompe la dura corteza de las apariencias.
Aparecen la casa vigilada por glicinas, una muchacha
leyendo en la glorieta bajo el piar de gorriones,
el ruido de las ruedas de un barco lejano.

La realidad secreta brillaba como un fruto maduro.
Empezaron a encender las luces del pueblo.
Los niños entraron a sus casas. Oímos el silbido del titiritero
        que te llamaba.
Tú desapareciste diciéndonos: «No hay casa, ni padres, ni
        amor; sólo hay compañeros de juego».
Y apagaste todas las luces
para que encendiéramos
para siempre las estrellas de la adolescencia
que nacieron de tus manos en un atardecer de mil ochocientos
        noventa y tantos.

Todas las nubes
me anunciaban que tú llegarías
cuando despertaba para volverme
hacia la ventana secreta de los sueños.
Pero tú debías extraviarte:
los pájaros se comían las migas
que sembré para señalarte el camino.

Alguien vestido siempre de negro te vigilaba
y quería transformarte en otra
para que yo no te reconociera.
Hasta que de pronto nos encontramos
y la realidad hecha pompas de jabón
voló de retorno al país de la pureza.

Cuando ella y yo nos ocultamos
en la secreta casa de la noche
a la hora en que los pescadores furtivos
reparan sus redes tras los matorrales,
aunque todas las estrellas cayeran
yo no tendría ningún deseo que pedirles.

Y no importa que el viento olvide mi nombre
y pase dando gritos burlones
como un campesino ebrio que vuelve de la feria,
porque ella y yo estamos ocultos
en la secreta casa de la noche.

Ella pasea por mi cuarto
como la sombra desnuda
de los manzanos en el muro,
y su cuerpo se enciende como un árbol de Pascua
para una fiesta de ángeles perdidos.

El temporal del último tren
pasa remeciendo las casas de madera.
Las madres cierran todas las puertas
y los pescadores furtivos van a repletar sus redes
mientras ella y yo nos ocultamos
en la secreta casa de la noche.

Me decías que no me enamorara de tu hermana menor,
aquella que aún temía a los duendes
que salen de los rincones a robar nueces.
Y yo te contestaba
que en el cielo podía leer tu nombre
escrito por los pájaros
y que las nubes flotaban como los gansos
en el patio dominical de tu casa
que me hablaba con su lenguaje de gorriones.

Este domingo me veo de nuevo en el salón
mirando revistas viejas y daguerrotipos
mientras tú tocas valses en la pianola.

Alguien me ha dicho en secreto que la primavera vuelve.
La primavera vuelve pero tú no vuelves.
Tu hermana ya no cree en los duendes.
Tú no sabrías escribir mi nombre
en los vidrios cubiertos de escarcha,
y yo sólo puedo contar mis recuerdos
como un mendigo sus monedas en el frío del otoño.

Las ramas de los pinos rozan tus cabellos.
El viento —que va a dormir— no olvida apagar
soplo tras soplo, las estrellas.
Tienes aún entre las manos
un ramo de flores secas.

> «No iremos más al bosque,
> cortaron los laureles.
> La Bella Durmiente
> los recogerá».

Tu nombre en mi memoria
no debe durar sino
lo que dura en el barbecho
la huella de la pezuña de un buey.
Bajo tu sombra sólo dormiré un instante, retamo blanco.

Un ramo de flores secas
se deshace en la tierra.
El viento no olvida apagar una última estrella
sobre nuestras cabezas de huérfanos.

Estoy junto a la esclusa del molino,
el estruendo de las aguas rotas
sepulta el canto que aún recuerdo:

> «No volveremos al bosque,
> cortaron los laureles.
> La Bella Durmiente
> los recogerá».

El día del fin del mundo
será limpio y ordenado
como el cuaderno del mejor alumno.
El borracho del pueblo
dormirá en una zanja,
el tren expreso pasará
sin detenerse en la estación,
y la banda del Regimiento
ensayará infinitamente
la marcha que toca hace veinte años en la plaza.
Sólo que algunos niños
dejarán sus volantines enredados
en los alambres telefónicos,
para volver llorando a sus casas
sin saber qué decir a sus madres
y yo grabaré mis iniciales
en la corteza de un tilo
pensando que eso no sirve para nada.

Los evangélicos saldrán a las esquinas
a cantar sus himnos de costumbre.
La anciana loca paseará con su quitasol.
Y yo diré: «El mundo no puede terminar
porque las palomas y los gorriones
siguen peleando por la avena en el patio».

Atardece. Se disuelven
las lejanas humaredas de los cerros.
Los gorriones picotean cerezas pasadas.
El tren de carga pasa
dejando una estela de carbón y mugidos.

«Si llueve con creciente va a llover siete días».
Los rieles se alargan sin esperanza
mientras el tiempo se despoja de su máscara
y muestra su rostro secreto en la lluvia.

En la trastienda del almacén
alzan sus vasos de pipeño los amigos. En la plazuela
el forastero oye contar estrellas a los hijos del carpintero.
Y luego una ronda: «Alicia va en el coche, carolín…».

El pueblo se refugia en los ojos de ovejas que dormitan.
Antes de irse, el sol ilumina brutalmente
nuestro rostro condenado al fracaso.
Nuestro rostro
y los de quienes nunca conocerán la realidad,
dispersándose como el polvillo de los duraznos en los dedos
        del viento. Jinetes perdidos, novias
que aún esperan en la capilla ruinosa, vagabundos
con la cabeza destrozada por las locomotoras.

El sueño hace señas con su linterna oxidada.
El Ángel de la Guarda ya no espera nuestro ruego.
Y vemos sin temor que se abre para nosotros
el país de la noche sin fronteras.

Si atraviesas las estaciones
conservando en tus manos
la lluvia de la infancia que debimos compartir
nos reuniremos en el lugar
donde los sueños corren jubilosos
como ovejas liberadas del corral
y en donde brillará sobre nosotros
la estrella que nos fuera prometida.

Pero ahora te envío esta carta de lluvia
que te lleva un jinete de lluvia
por caminos acostumbrados a la lluvia.

Ruega por mí, reloj,
en estas horas monótonas como ronroneos de gatos.
He vuelto al lugar que hace renacer
la ceniza de los fantasmas que odio.
Alguna vez salí al patio
a decirles a los conejos
que el amor había muerto.
Aquí no debo recordar a nadie.
Aquí debo olvidar los aromos
porque la mano que cortó aromos
ahora cava una fosa.

El pasto ha crecido demasiado.
En el techo de la casa vecina
se pudre una pelota de trapo
dejada por un niño muerto.
Entre las tablas del cerco
me vienen a mirar rostros que creía olvidados.

Mi amigo espera en vano que en el río
centellee su buena estrella.

Tú, como en mis sueños vienes
atravesando las estaciones,
con las lluvias de la infancia
en tus manos hechas cántaro.
En el invierno nos reunirá el fuego
que encenderemos juntos.
Nuestros cuerpos harán las noches tibias
como el aliento de los bueyes
y al despertar veré que el pan sobre la mesa
tiene un resplandor más grande que el de los planetas enemigos
cuando lo partan tus manos de adolescente.

Pero ahora te envío una carta de lluvia
que te lleva un jinete de lluvia
por caminos acostumbrados a la lluvia.

V

POEMAS SECRETOS

POEMAS SECRETOS
Ediciones de los Anales de la
Universidad de Chile, Separata
Santiago de Chile, 1965

Y si te amo, es porque veo en ti la Portadora,
la que, sin saberlo, trae la blanca estrella de la mañana,
el anuncio del viaje
a través de días y días trenzados como las hebras de la lluvia
cuya cabellera, como la tuya, me sigue.
Pues bien sé yo que el cuerpo no es sino una palabra más,
más allá del fatigado aliento nocturno que se mezcla, la rama de
        canelo que los sueños agitan tras cada muerte que nos une,
pues bien sé yo que tú y yo no somos sino una palabra más
que terminará de pronunciarse
tras dispensarse una a otra
como los ciegos entre ellos se dispensan el vino, ese sol
que brilla para quienes nunca verán.

Y nuestros días son palabras pronunciadas por otros,
palabras que esconden palabras más grandes.
Por eso te digo tras las pálidas máscaras de estas palabras
y antes de callar para mostrar mi verdadero rostro:
«Toma mi mano. Piensa que estamos entre la multitud
        aturdida y satisfecha ante las puertas infernales,
y que ante esas puertas, por un momento, llenos de
        compasión, aprisionamos amor en nuestras manos
y tal vez nos será dispensado
conservar el recuerdo de una sola palabra amada
y el recuerdo de ese gesto,
lo único nuestro».

Daría todo el oro del mundo
por sentir de nuevo en mi camisa
las frías monedas de la lluvia.

Por oír rodar el aro de alambre
en que un niño descalzo
lleva el sol a un puente.

Por ver aparecer
caballos y cometas
en los sitios vacíos de mi juventud.

Por oler otra vez
los buenos hijos de la harina
que oculta bajo su delantal la mesa.

Para gustar
la leche del alba
que va llenando los pozos olvidados.

Daría no sé cuánto
por descansar en la tierra
con las frías monedas de plata de la lluvia
cerrándome los ojos.

VI
CRÓNICA DEL FORASTERO

CRÓNICA DEL FORASTERO
Imprenta Arancibia Hnos.
Santiago de Chile, 1968
Premio Crav de Poesía

En memoria de Jaime Lazo.
Y a Enrique Bello, Rolando Cárdenas,
Floridor Pérez, Jaime Quezada,
Francisco Galano y Juan Guzmán Paredes.

CRÓNICA DEL FORASTERO
(*Fragmentos*)

I

En el fondo de toda lejanía se alza tu casa
Hermann Broch

«No hay que silbar en la oscuridad».
Sí,
no debo llamar al perro ya desaparecido.
Debo regresar solo.

La casa se abre
y es una fosa donde dormir
amparado por las hojas,
un manantial interminable
para el desierto mediodía.
Mi rostro quiere recuperar la luz que lo iluminaba
en el verano traído por la corriente del río.

Frente al molino
descargan los sacos de una carreta triguera
con los gestos de hace cien años.
Los gestos son los mismos
aunque la tierra se llene de cohetes
que llevan hacia otros mundos.

En el patio invadido de colas-de-zorro
un caballo se acerca a oler
la trilladora mohosa.

Frente al umbral
recibo la volcada copa de vino añejo
del sol de un nuevo día.

Los gallos me despiertan
y sus cantos
prometen ayudarme a alzar la casa.

II

Veo pasar un rostro desconocido
en el canal que corre frente a la casa.
Ese rostro
será mi rostro un día.

Surge un primo muerto, jinete en un tordillo.
Ahora desaparece en la polvareda de los eternos eneros.
El abuelo se mira en el canal.
El abuelo grita que cierren la puerta
y en la galería bebe su blanco vaso de aguardiente.

III

Los yuyos derrochan su oro al viento.
Estoy buscando caracoles para ponerlos al sol: «Caracol,
        caracol...».
El primer barco es detenido por un guijarro.
(Quién va a reparar nunca esa pena).

> *Te hablo a ti, que has muerto.*
> *Tú has muerto, tu perro ha muerto ahogado.*
> *Pero si cierras los ojos vendrá a encontrarte a orillas del río.*
> *No temas: te hallarás con el niño que vivía a orillas del río.*

Vives frente al molino.
La mañana está llena de carretas cargadas de trigo hasta
        el cielo.

El polvillo de la molienda inunda el patio.
Los mapuches pacientes esperan vender su escaso trigo.
Te asomas a la bodega a ver dormir los sacos.
Cavas la tierra en busca de tesoros guardados por los gnomos.
Si comes toda la sopa te llevarán al circo.
La primera vez que fuiste al cine te dio terror:
soldados en paso de parada se precipitaban sobre ti.
Te enseñan a saludar con el puño en alto.
Es en 1938 y va a triunfar el Frente Popular.
Una vez te llevaron a la iglesia, pero sólo sentiste miedo ante
        las imágenes sangrantes.

Una anciana te dio una lámpara.
Durante años has buscado su luz,
para que te saluden las sombras de otro tiempo.

Una lámpara humilde
que revele las raíces,
que haga crecer la oscuridad protectora
contra la luz cruel y sin memoria.

En los ojos de los bueyes
ves hundirse en el río la calle donde creciste.

Te llevan al cementerio
a dejarle flores a la hermana.
Había que arreglar la tumba familiar.
Restos de pequeños huesos chocaban con la pala.
Se sabe, sin embargo, que la vida es eterna.

Mañana de verano (harina y lomas amarillas). Subes
        a la carretela del panadero.
Yo te veo
doblar la esquina
perderte
una mañana de pájaros y leche.

X

> *Vamos a pasear por los extraños pueblos*
> Eliseo Diego

La noche era un trozo de carbón a punto de arder.
Nada más hermoso que ver al fogonero lanzar paladas.
El horno cambiaba el carbón por oro.
Te dejaron subir a la locomotora.
Hay que amar a la locomotora como a un gran animal
    doméstico,
amar sus resoplidos, sus nubes de vapor,
la lluvia de hollín con que te bautiza cada estación.

*Pero ya han pasado todos los trenes. Han pasado los trenes, la
segura rotación de los juegos de las cuatro estaciones: el trompo,
el volantín, las bolitas, el emboque. Todo eso es triste.
Mientras escribo unos gatos nuevos maúllan tristemente. Y
recuerdo el placer de poner mi nombre en los cuadernos el
primer día de clases.*

Te asomas alarmado a la ventanilla del vagón.
Tu padre bajó al andén para hablar con un amigo,
temes oír de un momento a otro el silbato de partida.
Empiezas a conocer los pueblos de la Frontera.
Tienen nombres que en la lengua de la Tierra
quieren decir: «Guanaco echado», «Río de brujos»,
    «Lugar de cenizas».
Viste apolillarse los columpios de una plaza de juegos.

Un zapatero nos saludaba con la V de la victoria.
Se hablaba de la pelea de Godoy con Joe Louis y de la batalla
    de Stalingrado.

Hubo un desfile celebrando la caída de Berlín
y la Bomba Atómica era el fin de todas las guerras.

En un pueblo alojabas en casa de una tía y leías el «Pacífico
    Magazine» con noticias de la Guerra del 14,
en otro viste que al atardecer la gente iba llevando
    sillas para asistir a una función de cine,
en otro escuchaste a los músicos de la Banda Municipal
    tocar «Titina» en un kiosco a punto de caer.

Días de descubrir las aldeas
como más tarde el sabor de cada bebida,
peligrosos como los cercos de alambre de púa en donde uno
    puede enredarse al salir de caza.
Aldeas que he recorrido
por calles fangosas que llevan a las afueras.
Allí hay gente que muere sin haber visto nunca el mar.
Hay muchachos jugando fútbol.
Se cantan rondas que ya no se escuchan en las ciudades:

*Yo me quería casar
con un mocito barbero.
Me sentaron en una silla
y me cortaron el pelo...*

En el bar del Hotel estuve esperando las campanadas que
    anuncian la llegada del tren.
Pero los nuevos amigos hicieron llegar nuevas botellas.
Y allí estuvimos hasta el alba de los trenes de carga.

Una vez aguardando la llegada de un tren, bajo un aguacero,
me hice amigo de un pobre organillero.
El viento, el frío y la lluvia velaban con nuestra espera,
antes que subiéramos al carro de tercera.

Sí, he vuelto a los pueblos tantas veces
porque el tiempo me suele tener en su guarda.

Y siempre llego por calles barrosas a las afueras
donde los hijos de mis compañeros de curso
juegan el mismo eterno partido de fútbol.

XI

Ninguna ciudad es más grande que mis sueños.

Volveré al invierno del sur
cuando las raíces blanqueadas por la lluvia
muestren la calavera del tiempo
bajo el sorpresivo vuelo de carbón y nieve
de queltehues que no se cansan de pedir agua.

Pasado el Puente del Malleco
mi amigo me invita a comer de sus provisiones.

Hablamos con nuestros compañeros de banco:
un militar jubilado y un campesino de manta de castilla.

Nos invitan a tomar pipeño.
Nos desafían a jugar brisca.
El tren se detiene.
Trazo un círculo en la ventanilla
borrando el gélido aliento de la noche:
No hay estrellas.
Sólo un pobre nido de luces sobre una estación.
Alguien despierta y mira como si nunca hubiese bajado.
Atravieso el Bío-Bío y avanzan pueblos terrosos
que no me doy el trabajo de mirar.
Entrego mi pasaje al conductor.
Los vagones forman un largo cortejo.
En la madrugada entumecida de Chillán tomamos
    café con aguardiente.
El sol del alba nos levanta los párpados cerca de Rancagua
    (allí vimos una vez predicar al Cristo de Elqui).
El mismo ciego de la infancia sigue tocando su guitarra.

Se llega a la Estación Central perdido entre el gentío.
La ramazón de fierro retiene el eco de nuestros pasos
    para mascullar oscuras canciones.
Vagaré por las calles y sin querer me detendré frente
    a una bodega.
Hay un libre olor a tierra tras la lluvia,
    vuelvo al patio donde saludo la nubecilla enviada
    por la última locomotora a vapor.

XIV

Somos los ociosos que en la tarde
se reúnen en la plaza. Entraremos
a ver las llovidas películas que llegan de provincia.
Canta Jeanette Macdonald y responde Nelson Eddy.
Reímos con Laurel y Hardy. Y de pronto «El Muelle
de las Brumas» y «Grandes Ilusiones».
En los barrios bajos, negras ollas sin fuego.
Se habla del Centenario del Manifiesto Comunista.
Hay campos de concentración y un Fantasma recorre
    el mundo.
Un zapatero nos presta libros y diarios perseguidos.
Sabemos —más allá de las puertas que se empujan
    o cierran cada día—
más allá del parloteo alrededor de la sopa de cada día
cuando en la mañana vemos la hierba encanecida y quebramos
    la escarcha de la jofaina
que se debe esperar,
    esperar.
(Teníamos años y años por delante
y esperanzas y esperanzas como las calles
    interminables y las estrellas sobre nuestras
    cabezas).

No soñamos con ser médicos ni abogados, ni
empleados de banco. Para otros está
el pasear como tenientes con las buenas muchachas
del pueblo (sin embargo, cuánto daríamos para que
apareciera una mujer en el frío lecho de estudiante).
Leemos a hurtadillas bajo el pupitre, o bajo las sucias
ampolletas de las pensiones a Dostoievski, Hesse,
    Knut Hamsun…

Somos los que viven
al otro lado del río o de la vía férrea…

Tarde en la Feria de Entretenciones. Un frío viento
nos hace envolvernos en las bufandas. Miro
a la muchacha del Tiro al Blanco que coquetea con
los conscriptos. La rueda gigante
nos invita a huir del cielo y de la tierra.

La lluvia dispersa a todo el mundo, sin dejarnos ganar
ni una botella al juego de las argollas.
Un millón de blancas palomas de maíz
va a iluminar los sueños de los niños del barrio.

Adiós muchachos. A medianoche
esa canción en la victrola a cuerda del prostíbulo.
El dinero alcanza sólo para una cerveza (remolino
de turbina amarga dentro de la piel fría del vaso).

Estrellas tiernas
nacen entre los cerezos. Los caballos mojados
de los carabineros
dan topetones a los cercos. Una prostituta
habla de su novio y de su casa junto a un lago. Otra
discute su precio con un pastor evangélico. *Adiós muchachos.*

Esperábamos algo, sin duda,
algo entre las puertas que abríamos y cerrábamos,

cuando tras romper la escarcha de las jofainas
el día nos saludaba con un muro a punto de caer,
noticias de nuevas guerras;
algo al no creer en la rutina de los mayores
y escribir en los cercos por la paz, el pan, la libertad.
Crecían bajo nosotros raíces de nuevos mundos.

Ahora,
uno me escribe: *Vivo en un pueblo donde me llaman
el loco y los niños me tiran piedras cuando paso por
las calles*. Otros son oscuros oficinistas y yacen
en una pieza de pensión con toda su familia. Otros
explotan la Revolución que no quieren y viajan
a su costa por el mundo. Otros sueñan con ser gerentes.
Otros duermen en vagones de carga y necesitan
tratamientos antialcohólicos y psiquiatras. *Adiós muchachos...*

Y yo
juego con los recuerdos
a la gallina ciega.

Abramos las manos:
las larvas son
mariposas blancas
volando sobre las tumbas
sobre las cuales jugamos brisca.

Veo un amigo tratando
de atrapar una trucha en el estero. Hemos
hecho la cimarra para buscar digüeñes.
Y dejamos que el cielo
libremente haga madurar nuestros rostros.

Nos reunimos en las afueras del Convento
que estuvo cerrado por el crimen de un cura. Una muchacha
se asoma entre los visillos de la ventana de enfrente.
Una muchacha debiera sonreírnos.

¿Quién soy yo? ¿Quién pensabas tú que yo sería?
—Déjate de jugar a los recuerdos. Aquí estás
*   después*
de años y años. De tantos días con olor a ropa mojada
y tedio infinito en las salas del Liceo. De viajes
de un pueblo a otro. De prostitutas que hablaban
de novios y casas a orillas de un lago. De horas
acodados en las vidrieras de los almacenes. Y si
yo hubiera sido un buen alumno, no recordaría
el olor a ilang-ilang —fantasma adolescente—,
las lágrimas por nada en estaciones vacías,
el cuerpo de mujer deseado en el cuarto de pensión,
el vino y la lectura compartida con los artesanos.

Vuelo blanco
de una mariposa que muere
entre habas nuevas.

XV

Ils m'ont demandé si j'avais le travail facile,
Ce ne sont pourtant pas des imbéciles,
Et cependant ce qu'ils m'ont demandé est bête.
Comme on voit bien qu'ils n'ont jamais été poètes!
André Salmon

Se empieza a saber
que sólo sirven las lámparas
que congregan a las sombras.

El invierno de la realidad oculta una Bella Durmiente
y ella despertará con las palabras
de los poetas de hace uno o dos mil años.
Las palabras del pobre estudiante Villon, condenado a
    muerte tras gastar sus monedas en putas y
    vino en la ciudad rodeada de lobos y de nieve.

Las de Rimbaud apareciendo en medio de una
    eternidad de cálidas lágrimas,
los puentes levadizos se alzan ante sus plantillas de viento,
lo veo rapado como un presidiario en Abisinia,
dejando entrar Genios y rosales por las ventanas
    de Bruselas,
Francis Jammes habla con los asnos rumbo al Paraíso,
Edgar Poe delira por las calles puritanas de Baltimore,
Esenin escribe con sangre su último verso.
Milocz entrega sus palabras venidas como gorriones
    de otro cielo
y habla de madrugadas que sorprenden en un amargo
y frío arrabal con el Hiperión en las manos.

Y tú empiezas a sentarte delante de páginas en blanco
    condenado a perseguir palabras
más difíciles de atrapar que moscardones entrando en
    diciembre a la sala de clases.
Hay que escribir «aferrándose a ello como el maníaco
    a la droga»,
sin pretender recibir siquiera «el inútil premio de la
    eternidad»
ese premio que un poeta vio esperando a Li Tai Po,
    siglos y siglos hasta con las pestañas escarchadas.

Recuerda que tu casa puede desvanecerse como el
    oleaje rojizo de los ciruelos.
Pero escribe como el poeta que a los ochenta años
envió su mensaje al mundo diciendo «que el mundo
    se vaya al diablo»
o como el poeta de la aldea
que nos leía sus versos guardados años y años en un armario
y en la mañana de otoño de nuevo se olvidó de ellos
cuando vinieron a avisarnos que había una carrera
de caballos a la chilena.

XVI

A Beatriz de nuevo, siempre

Eres el peso profundo y secreto
de los granos de trigo
en la balanza de mi mano.
El frescor del sorbo de cielo
que bebe el pájaro marino.
Por el verano corren los claros esteros
de tu espalda desnuda.

Eres un puente entre los marjales de las pesadillas.
Las madejas de nuestros sueños se entrelazan,
estrellas deshechas en lava.
Tú derribas
los muros
que sitiaban mis días.
Ya no voy solo por los viscosos corredores
de los sueños adolescentes.
Desde la buhardilla que escojo
para recibir tu cuerpo
vemos las tardes libres e infinitas
y caballos marcados con estrellas en la frente.

Tu cuerpo es el frágil latido de flores con ojos de nieve
que me traen los vientos
venidos del país donde nunca se llega.
Me anunciaron que me estabas prometida
todos los gallos de las veletas,
todos los puentes construidos por los antepasados,
todos los andenes y todos los campanarios.

Tú extiendes las sábanas del alba,
tú haces que la noche sea la otra vida.
Pero si tu sombra aparece en todos mis muros,

ya no estarás más.
Soy extraño a toda fiesta para mí mismo.

Tú sabes que veo el sol y la muerte viajar juntos,
tú sabes que siempre hay un cuarto que no debe abrirse
y que el viento de pronto apenas se atreve a hojear los trigales
por miedo a encontrar un sol más oculto.

XVIII

Mi mano pasa a través del espejo de la tarde
para hallar al adolescente
que iba a la capilla de madera anclada frente a la plaza,
bajo el rosario de la lluvia repasado por todas las estaciones.
Es la hora en que hasta las casas se arrodillan.
Las moscas se refugian de los primeros fríos en los
      salones abiertos sólo para las fiestas.

Las campanas anuncian la Novena y la llegada del tren.
Los gatos pretenden atrapar la luna nueva en los tejados.
A la entrada del pueblo unos niños vacilan
      con el peso de brazadas de leña.
El dueño de la Panadería no atiende a sus clientes
      para jugar ajedrez.
Titubean las luces de los almacenes como los pasos
      de los maestros ebrios.

Me asomo a los ventanales del profundo atardecer.
Un último volantín se despide del viento.
Pasa rengueando un Ford T.
Los campesinos desatan de las varas a sus caballos
para el viaje de vuelta con las provisiones de la semana.

Caminamos sobre los rieles del desvío al Aserradero.
A la salida de la iglesia
nos sumergimos en el río de la noche.
Yo no temía al infierno profetizado por el cura;

el cielo estaría siempre en el rostro de una muchacha.
Noche abajo se iban candelillas y trenes y campanas.
Ella tuvo un gesto infantil al saltar hasta el mundo
    del luche semiborrado.
Los ciruelos cerraban sus ojos ingenuos.
Se oía sólo el rumor de las norias en las huertas.

Ella debía volver pronto a su casa.
Yo esperaba verla
cuando a la luz de una linterna cerraba los postigos.
Después entraría en los sueños como la noche, las
    candelillas y las campanas.

Y un día partiría para siempre
en el tren lleno de colegialas que regresan a los internados.
Otra mano va ahora a cerrar esos postigos.

Quedaré solo por primera vez en mi vida.

XIX

A Pierre de Place

Sangre color planeta muerto.
Ves correr la sangre de tu mano herida por alambres de púa.

Conoces la sangre que destilan los pinos,
aquella confundida con el pecho imperial de la lloica,
la de las tablas en el aserradero
y sabes que los ríos son heridas infligidas por el cielo a la tierra.

Los mayores aman salir de caza.
Te despiertan temprano.
Todo el día pasará de potrero a potrero, se treparán los cerros.

Ves echar aves aún palpitantes al morral.
Tus pies van a añorar los esteros

y la pureza adánica de la mañana
reluciente como una escopeta recién bruñida.

A veces te dejan disparar
y aún te duele el hombro con el rechazo.
Te enseñaron que frotando pedernales se enciende una fogata.

Una vez pasaste un puente de cimbra.
Para ir a la escuela atraviesas un puente
que el viento hace interminable.
Aprendes a leer en diarios que anuncian la Segunda Guerra.
Semana a semana leerás «El Peneca» ilustrado por Coré.
A veces lo irás a comprar a la estación para saber
        más luego la suerte de tus héroes.
Llegas atrasado al colegio por ver a Dick Turpin
galopando por los caminos reales de Inglaterra.
Tus sueños están iluminados por las linternas que
        agitan en la «Hispaniola» los piratas.
Desde una guardilla oyes el bastón del ciego golpear el hielo.
Afrontas tempestades en la Malasia junto a Yáñez y
        Sandokán,
sufres junto a Coretta y Garrón en el libro «Corazón»
y hablas con Gulliver, Robinson Crusoe y Herne el Cazador.

Todos los domingos vas al cine en matiné,
sigues las seriales en doce episodios.
Sabes que hay mundos más reales que el mundo donde vives:
cualquiera calle puede ser una calle del Far West.
Surge Buck Jones jinete en Silver.
Buffalo Bill lucha a muerte con los Sioux.
Oyes la sirena del auto del Avispón Verde.
Si piensas en los muertos
ellos resucitan junto al reloj de pared
        como los abuelos de Tylil y Myltil.

Vives cerca de un convento iluminado por antorchas.
Los viajes de Flash Gordon harán que no te asombres de

ninguna conquista espacial.
Mira los puentes que la lluvia hace transparentes.

Anda al patio a oír crecer los naranjos.

XX

Quedé solo en medio de un bosque.
El bosque ya no me reconocía.
Hermanos y amigos partieron
hacia los cuatro brazos del horizonte.
En la lejanía se encendían fogatas en círculos de piedra.

Me senté junto a una hoguera a punto de extinguirse
sin poder recordar
cuáles eran las piedras de donde nacía el fuego,
esas piedras que me enseñaron a frotar
una mañana de caza.

El bosque se estremece soñando
con los grandes animales que lo recorrían.
El bosque cierra sus párpados
y me encierra.

VII

MUERTES Y MARAVILLAS

MUERTES Y MARAVILLAS
Editorial Universitaria
Santiago de Chile, 1971

I

El vuelo de las aves
es un canto recién aprendido por la tierra.
El día entra en la casa
como un perro mojado de rocío.

Mira: se encienden las hogueras de los gallos.
Los cazadores preparan sus morrales.
Los caballos los esperan
rompiendo con sus cascos
el cielo que apenas pesa
sobre lagunas de escarcha.

Tú eres un sueño que no recordamos
pero que nos hace despertar alegres.
Una ventana abierta hacia el trigo maduro.
Busquemos grosellas junto al cerco
cuyos hombros abruman los cerezos silvestres.

II

Un viento de otra estación se lleva la mañana.
Huyes hacia tu casa
cuando el viento dobla los pinos
de las orillas del río.
Ya no quedan grosellas.
¿Por qué no vuelven los cazadores
que vimos partir esta mañana?
Tú quieres que nunca haya sucedido nada
y en la buhardilla abres un baúl
para vestirte como novia de otro siglo.

El abandono silba llamando a sus amigos.
La noche y el sueño
amarran sus caballos frente a las ventanas.
El dueño de casa baja a la bodega
a buscar sidra guardada desde el año pasado.
Se detiene el reloj de péndulo.
Clavos oxidados
caen de las tablas.
El dueño de casa demora demasiado
—quizás se ha quedado dormido entre los toneles—.
Una mañana busqué grosellas al fondo del patio.
En la tarde este mismo viento
luchaba con los pinos a orillas del río.
Se detienen los relojes.
Oigo pasos de cazadores que quizás han muerto.
De pronto no somos sino un puñado de sombras
que el viento intenta dispersar.

El invierno trae caballos blancos que resbalan en la helada.
Han encendido fuego para defender los huertos
de la bruja blanca de la helada.
Entre la blanca humareda se agita el cuidador.
El perro entumecido amenaza desde su caseta al témpano
    flotante de la luna.

Esta noche al niño se le perdonará que duerma tarde.
En la casa los padres están de fiesta.
Pero él abre las ventanas
para ver a los enmascarados jinetes
que lo esperan en el bosque
y sabe que su destino
será amar el olor humilde de los senderos nocturnos.

El invierno trae aguardiente para el maquinista y el fogonero.
Una estrella perdida tambalea como baliza.
Cantos de soldados ebrios
que vuelven tarde a sus cuarteles.

En la casa ha empezado la fiesta.
Pero el niño sabe que la fiesta está en otra parte,
y mira por la ventana buscando a los desconocidos
que pasará toda la vida tratando de encontrar.

A Eduardo Molina Ventura

Cuando todos se vayan a otros planetas
yo quedaré en la ciudad abandonada
bebiendo un último vaso de cerveza,
y luego volveré al pueblo donde siempre regreso
como el borracho a la taberna
y el niño a cabalgar
en el balancín roto.
Y en el pueblo no tendré nada que hacer,
sino echarme luciérnagas a los bolsillos
o caminar a orillas de rieles oxidados
o sentarme en el roído mostrador de un almacén
para hablar con antiguos compañeros de escuela.

Como una araña que recorre
los mismos hilos de su red
caminaré sin prisa por las calles
invadidas de malezas
mirando los palomares
que se vienen abajo,
hasta llegar a mi casa
donde me encerraré a escuchar
discos de un cantante de 1930
sin cuidarme jamás de mirar
los caminos infinitos
trazados por los cohetes en el espacio.

A Enrique Rebolledo

Los temerosos de los brujos vecinos
lanzan puñados de sal al fuego
cuando pasan las aves agoreras.
Los buscadores de entierros
en sueños hallan monedas de oro.
Los despierta el jinete del rayo
cayendo hecho llamas entre ellos.

Medianoche de San Juan. Las higueras
se visten para la fiesta.
Eco de gemidos de animales
hundidos hace milenios en los pantanos.
Los chimalenes reúnen las ovejas
que huyen del corral.
Aúllan los perros en casa del avaro
que quiere pactar con el Malo.

Ya no reconozco mi casa.
En ella caen luces de estrellas en ruinas.
Mi amiga vela frente a un espejo:
espera allí aparezca el desconocido
anunciado por las sombras más largas del año.

Al alba, anidan lechuzas en las higueras.
En los rescoldos amanecen huellas de manos de brujos.
Despierto teniendo en mis manos hierbas y tierra
de un lugar donde nunca estuve.

Te reconoces
en ese niño que esta mañana de escarcha
sale a comprar pan
y saluda al lechero
cuyo silbato despierta las calles.

Tú eres ese niño
y eres el niño que a campo traviesa
va hacia la casa de los vecinos
con un ganso bajo el brazo
bajo una luna espiada por cohetes
en la que no se verán ya nunca más
la Virgen, San José y el Niño.

Eres el único habitante
de una isla que sólo tú conoces,
rodeada del oleaje del viento
y del silencio rozado apenas
por las alas de una lechuza.

Ves un arado roto
y una trilladora cuyo esqueleto
permite un último relumbre del sol.
Ves al verano convertido en un espantapájaros
cuyas pesadillas angustian los sembrados.
Ves la acequia en cuyo fondo tu amigo desaparecido
toma el barco de papel que echaste a navegar.
Ves al pueblo y los campos extendidos
como las páginas del silabario
donde un día sabrás que leíste la historia de la felicidad.

El almacenero sale a cerrar los postigos.
Las hijas del granjero encierran las gallinas.
Ojos de extraños peces
miran amenazantes desde el cielo.
Hay que volver a tierra.
Tu perro viene a saltos a encontrarte.
Tu isla se hunde en el mar de la noche.

Un día u otro
todos seremos felices.
Yo estaré libre
de mi sombra y mi nombre.
El que tuvo temor
escuchará junto a los suyos
los pasos de su madre,
el rostro de la amada será siempre joven
al reflejo de la luz antigua en la ventana,
y el padre hallará en la despensa la linterna
para buscar en el patio
la navaja extraviada.

No sabremos
si la caja de música
suena durante horas o un minuto;
tú hallarás —sin sorpresa—
el atlas sobre el cual soñaste con extraños países,
tendrás en tus manos
un pez venido del río de tu pueblo,
y Ella alzará sus párpados
y será de nuevo pura y grave
como las piedras lavadas por la lluvia.

Todos nos reuniremos
bajo la solemne y aburrida mirada
de personas que nunca han existido,
y nos saludaremos sonriendo apenas
pues todavía creeremos estar vivos.

Un profesor de matemáticas de Oxford
El reverendo Dodgson
Ligeramente tartamudo y zurdo
Nos deja en la primera casilla de otro mundo
Allí para el unicornio somos monstruos fabulosos
Y se oye el ruido de armaduras
De caballeros que piensan mejor cuando están cabeza abajo

El señor Dodgson pasea con tres niñitas
Tal vez sueña fotografiarlas desnudas
Pero estamos en el siglo XIX
En plena Era Victoriana
Y se contenta con escribirles cartas festivas
Con narrarles historias
Sobre el otro lado del espejo
Y ver fluir sus tiernos rostros en el atardecer de una barca

El nombre Alicia significa ahora Aventura
Y cuando lleguemos a la octava casilla
Empezaremos a ser reyes
En un juego que ya no vamos a olvidar.

A René Guy Cadou (1920-1951)

Poeta de nombre claro como un guijarro en medio de
      la corriente
reunías palabras que eran pedernales
de donde nace un fuego que no es olvidado.
René Guy Cadou, amigo del tonelero, el cartero,
      el aduanero y el contrabandista,
vivías en una aldea de seiscientos habitantes.
Allí eras profesor rural,
el peso del olor del jardín vecino sofocaba la sala de clases
como a la sala de clases donde tu padre había sido maestro.
Te gustaba hablar con la gente de cara parecida a ollas
      de greda,
caminar descalzo,
ver jugar a las cartas en la taberna.
En la noche a la luz de un fuego de espino
abrías un libro mientras Helena cosía
(«Helena como una gota de rocío en tu vaso»).
Tenías un poeta preferido para cada estación:
en otoño era Verlaine, la primavera te traía todas las rosas
      de Ronsard,
el invierno llegaba con el chirriar del carruaje del
      Grand Meaulnes
y la estación violenta
el ruido de espadas entrechocándose en una posada de
      Alejandro Dumas.
Tú nunca estabas solo,
te iluminaba el recuerdo de tu padre volviendo de caza en
      el invierno.
Y mientras tus amigos iban al Café,
a la Brasserie Lipp o al Deux Magots,

tú subías a tu cuarto
y te enfrentabas al Rostro radiante.

En la proa de tu barco
te asomabas a ver los caminos de tu país de hadas y pantanos,
caminos trazados como las líneas de un cuaderno de copia.
Tus palabras llegaban
como pájaros que saben que siempre hay una ventana
    abierta al fin del mundo.
Y los poemas se encendían como girasoles
nacidos de tu corazón profundo y secreto,
rescatados de la nostalgia,
la única realidad.

Tú sabías que la poesía debe ser *usual como el cielo*
    que nos desborda,
que no significa nada si no permite a los hombres
    acercarse y conocerse.
La poesía debe ser una moneda cotidiana
y debe estar sobre todas las mesas
como el canto de la jarra de vino que ilumina los caminos
    del domingo.
Sabías que las ciudades son accidentes que no
    prevalecerán frente a los árboles,
que la poesía no se pregona en las plazas ni se va a vender
    a los mercados a la moda,
que no se escribe con saliva, con bencina, con muecas,
ni el pobre humor de los que quieren llamar la atención
con bromas de payasos pretenciosos
y que de nada sirven
los grandes discursos tartamudos de los que no tienen
    nada que decir:
La poesía
es un respirar en paz
para que los demás respiren,
un poema es un pan fresco,
un cesto de mimbre.

Un poema
debe ser leído por amigos desconocidos
en trenes que siempre se atrasan,
o bajo los castaños de las plazas aldeanas.

Pocos saben aquí lo que es un poema,
pocos han puesto su cara al viento en medio de un trigal;
pocos saben lo que es un poeta
y cómo debe morir un poeta.
Tú moriste en un cuarto donde se congregaba toda
    la primavera
mirando un cesto con manzanas.
«He visto morir a un príncipe»,
dijo uno de tus amigos.

Y este Primero de Noviembre
cuando me rodean los muertos que siempre están conmigo
pienso en tu serena y ruda fe
que se puede comprender
como a una pequeña iglesia azul de pueblo
donde hay un párroco que no pide sino compartir su pan.
Tú hablabas con tu Dios
como al pobre hijo de un carpintero,
pues sabías que también se crucifica todos los días
    a un poeta
(Jesús tenía treinta y tres años,
Jean Arthur también era Cristo
crucificado a los treinta y siete).
Pero a ti no te importaba que te escupieran la cara o te
    olvidaran
porque como tú lo decías, nadie puede impedir a un
    pájaro que cante en la más alta cima
y el poeta derribado
es sólo el árbol rojo que señala el comienzo del bosque.

EL POETA EN EL CAMPO

(Pintura de Marc Chagall)

Sí,
también podríamos estar tendidos
en el primer plano del cuadro
con la chaqueta manchada de pasto
y de nuestro sueño
quizás surgirían
un caballo indiferente
una vaca de lento rumiar
una choza de techo de paja.

Pero
el asunto
es que las cosas sueñen con nosotros,
y al final no se sepa
si somos nosotros quienes soñamos con el poeta
que sueña este paisaje,
o es el paisaje quien sueña con nosotros
y el poeta
y el pintor.

EN LA ÚLTIMA PÁGINA DE UN LIBRO
DE ROBERT LOUIS STEVENSON

> In memoriam *Capitán J. W. Flint,*
> *muerto en Savannah, 17…*

En el lecho moriste
sin gaya multitud que bendecir
con la última pirueta allá en la horca.
El fiel Darby M'Graw
buscaba el ron postrero. El Segundo traía
las monedas de plata para sellar tus párpados
a espaldas del temido Cocinero.

Por la ventana abierta
el aliento del pantano presagiaba el Infierno.
Pero tú aún cantabas: «Quince hombres quieren
el cofre del muerto»… Y había
blancos gritos de gaviotas y blancos esqueletos
entre los pinos de la Isla lejana.

Y ahora, Capitán resucitado,
siempre irás en pos de otro Tesoro
y surcas la viva luz, el Mar de los Recuerdos
de quienes son los fieles pasajeros
de los crueles y puros navíos de la infancia.

Antes del lóbrego fluir
de los taxis por la ciudad nocturna,
antes de los gatos y perros vagabundos
rodeando los tarros de basura
que crecen para el alba de los desventurados,
antes que los brocales de la Frontera
fueran cerrados
por el trabajo de las abejas de la muerte
en los turbios espejos de las pensiones,
el río recién nacía al reflejo de su rostro
unido al rostro de su amada,
y a su paso florecían las lomas de la infancia,
el sol brillaba como el yelmo del Conquistador
y el bosque le entregaba el tótem de los aucas
que nadie supo describir
bajo sus tristes párpados entornados.

Antes de esos bares donde comen los pobres
estrujando sus últimos billetes
como un invierno mendicante las hojas de los álamos,
antes del tiempo estepario de los bares y el Café,
antes del despertar friolento en las plazas sin fotógrafos,
antes del cáliz del cloroformo del hospital,
y de la implacable costra de cemento
que se preparaba a sellar sus días,
resonaba siempre en sus oídos
como el mar en los caracoles
el rumor de la casa natal
y el sueño le traía
el regazo de los verdes paraísos.

Ahora
que el náufrago de la noche,
el viejo gladiador vencido
desdeñado por la luz de la ciudad
«servidora sólo de los ricos»
sea hallado por la lluvia del Ñielol
que piadosa lave sus huesos
y nos devuelva su rostro original.

Ahora
que su recuerdo sea la llama azul que remienda los puentes
preparando el paso de la primavera
que viene a oprimir locamente los timbres,
y su palabra
esa flor que nos aguarda entre los escombros
del tiempo que nos vence
y que él ya ha vencido.

En las tardes de invierno
cuando un sol equivocado busca a tientas
los aromos de primaveras perdidas,
va mi padre en su Dodge 30
por los caminos ripiados de la Frontera
hacia aldeas que parecen guijarros o perdices echadas.

O llega a través de barriales
a las reducciones de sus amigos mapuches
cuyas tierras se achican día a día,
para hablarles del tiempo en que la tierra
se multiplicará como los panes y los peces
y será de verdad para todos.

Desde hace treinta años
grita «Viva la Reforma Agraria»
o canta «La Internacional»
con su voz desafinada
en planicies barridas por el puelche,
en sindicatos o locales clandestinos,
rodeado de campesinos y obreros,
maestros primarios y estudiantes,
apenas un puñado de semillas
para que crezcan los árboles de mundos nuevos.

Honrado como una manta de castilla
lo recuerdo defendiendo al Partido y a la Revolución
sin esperar ninguna recompensa
así como Eddie Polo —su héroe de infancia—
luchaba por Perla White.

Porque su esperanza ha sido hermosa
como ciruelos florecidos para siempre
a orillas de un camino,
pido que llegue a vivir en el tiempo
que siempre ha esperado,
cuando las calles cambien de nombre
y se llamen Luis Emilio Recabarren o Elías Lafferte
(a quien conoció una lluviosa mañana de 1931 en Temuco,
cuando al Partido sólo entraban los héroes).

Que pueda cuidar siempre
los patos y las gallinas,
y vea crecer los manzanos
que ha destinado a sus nietos.

Que siga por muchos años
cantando la Marsellesa el 14 de julio
en homenaje a sus padres que llegaron de Burdeos.

Que sus días lleguen a ser tranquilos
como una laguna cuando no hay viento,
y se pueda reunir siempre con sus amigos
de cuyas bromas se ríe más que nadie,
a jugar tejo, y comer asado al palo
en el silencio interminable de los campos.

En las tardes de invierno
cuando un sol convaleciente
se asoma entre el humo de la ciudad
veo a mi padre que va por los caminos ripiados de la Frontera
a hablar de la Revolución y el paraíso sobre la tierra
en pueblos que parecen guijarros o perdices echadas.

1961

4

Temo no verte más
cuando las pompas de jabón
que echas a volar por la ventana
se llevan reflejado tu rostro.

6

Sentado en el fondo del patio
trato de pensar qué haré en el futuro,
pero sigo el vuelo del moscardón
cuyo oro es el único que podría atrapar,
y pierdo el tiempo saludando al caballo
al que puse nombre un mediodía de infancia
y que ahora asoma
su triste cabeza entre los geranios.

7

Las primeras luciérnagas:
    un niño corre a buscarlas
    para su amigo enfermo.

9

Yo me invito a entrar
    a la casa del vino
    cuyas puertas siempre abiertas
    no sirven para salir.

19

Un árbol me despierta
y me dice:
«Es mejor despertar,
los sueños no te pertenecen.
Mira, mira los gansos
abriendo sus grandes alas blancas,
mira los nidales de las gallinas
bajo el automóvil abandonado».

22

Si el mismo camino que sube
es el que baja
lo mejor es mirarlo
inmóvil desde una ventana.

25

Mientras no cesan los golpes de los dados
tres bicicletas relucientes y frías
esperan pacientes y cabizbajas
afirmadas en la pared de la cantina.

28

Se me había olvidado:
Una campanada = pasajeros del norte.
Dos campanadas = pasajeros del sur.
Tres = carga del norte.
Cuatro = carga del sur.
Esto lo aprendí una vez en un lugar cuyo nombre no importa
donde ya ninguna campana
anuncia ningún tren.

29

Un vaso de cerveza,
una piedra, una nube,
la sonrisa de un ciego
y el milagro increíble
de estar de pie en la tierra.

30

Una batea en medio del patio.
La ropa ajena
flamea en los alambres,
la familia de los cuidadores
se reúne
en torno a la primera sandía.

34

Aún se pueden ver en el barro
las pequeñas huellas del queltehue
muerto esta mañana.

VIII

PARA UN PUEBLO FANTASMA

PARA UN PUEBLO FANTASMA
Ediciones Universitarias de Valparaíso
Editorial Cruz del Sur
Valparaíso, Chile, 1978

Estas palabras quieren ser
un puñado de cerezas,
un susurro —¿para quién?—
entre una y otra oscuridad.

Sí, un puñado de cerezas,
un susurro —¿para quién?—
entre una y otra oscuridad.

Bajo el cielo nacido tras la lluvia
escucho un leve deslizarse de remos en el agua,
mientras pienso que la felicidad
no es sino un leve deslizarse de remos en el agua.
O quizás no sea sino la luz de un pequeño barco,
esa luz que aparece y desaparece
en el oscuro oleaje de los años
lentos como una cena tras un entierro.

O la luz de una casa hallada tras la colina
cuando ya creíamos que no quedaba sino andar y andar.

O el espacio del silencio
entre mi voz y la voz de alguien
revelándome el verdadero nombre de las cosas
con sólo nombrarlas: «álamos», «tejados».
La distancia entre el tintineo del cencerro
en el cuello de la oveja al amanecer
y el ruido de una puerta cerrándose tras una fiesta.
El espacio entre el grito del ave herida en el pantano,
y las alas plegadas de una mariposa
sobre la cumbre de la loma barrida por el viento.

Eso fue la felicidad:
dibujar en la escarcha figuras sin sentido
sabiendo que no durarían nada,
cortar una rama de pino
para escribir un instante nuestro nombre en la tierra húmeda,
atrapar una plumilla de cardo
para detener la huida de toda una estación.

Así era la felicidad:
breve como el sueño del aromo derribado,
o el baile de la solterona loca frente al espejo roto.
Pero no importa que los días felices sean breves
como el viaje de la estrella desprendida del cielo,
pues siempre podremos reunir sus recuerdos,
así como el niño castigado en el patio
encuentra guijarros para formar brillantes ejércitos.
Pues siempre podremos estar en un día que no es ayer
    ni mañana,
mirando el cielo nacido tras la lluvia
y escuchando a lo lejos
un leve deslizarse de remos en el agua.

2

Me preguntas en qué pienso.
No pienso en nada:
Sólo veo un puente de cimbra
Sobre el lecho reseco de un río
Que nunca hemos atravesado juntos.

6

Ha pasado un domingo
en que no he leído el diario
y este lunes
sigues viviendo como siempre.
Vives sin saber noticias
Sólo recibes las que te trae el viento.
Son buenas
Como la rama del espino blanco en la ventana.

II

Abro la puerta
hacia la pieza vacía.
Si pudiera llenarla tu recuerdo.
Si pudiera escribir este poema
no estaría horas escuchando al Maestro
diciendo «Quién tuviera dieciocho años
y brillara en las acciones».

12

Tu color preferido es el azul
Mi color preferido es el azul
Nunca más le preguntaremos a nadie qué color prefiere
Para creer que nosotros inventamos el azul.

16

Para qué preguntar
si esta canción trae recuerdos.
Esta canción es sólo una canción
sin recuerdo ni olvido.
Como tú frente a mí
como yo tendido junto a ti.

17

Día tras día
en los charcos verticales
de los espejos de los bares
se va perdiendo tu cara
esa hoja caída de un árbol condenado.

19

Frente al semáforo rojo
me detengo
esperando cruzar la calle.
Un niño me mira
desde los brazos de su madre.
Algo tiene que decirme,
algo tengo que decirle,
algo que será él.
Hasta el cambio de luz
me hundo en esos ojos asombrados
irrecuperables.

24

Camino hasta el centro de una roca
que me acoge
en el centro del mundo
y el mundo y ella y yo nos amamos
con tierna indiferencia.

27

Una locomotora de lata
abandonada en la basura.
Una araña teje en ella su red
y sólo atrapa una gota de rocío.

30

La muerte nos dice que no existe
para que creamos en ella
y la llamemos.

31

Los perros ladran en el patio
al invitado triste de los domingos.
Sólo los gorriones lo saludan.

42

Fuego bajo las cenizas.
Y en el muro
la sombra de los amigos muertos.

47

Mi hija me pregunta:
¿Dónde estuve yo
antes que ustedes nacieran?

Veré nuevos rostros
Veré nuevos días
Seré olvidado
Tendré recuerdos
Veré salir el sol cuando sale el sol
Veré caer la lluvia cuando llueve
Me pasearé sin asunto
De un lado a otro
Aburriré a medio mundo
Contando la misma historia
Me sentaré a escribir una carta
Que no me interesa enviar
O a mirar a los niños
En los parques de juego.

Siempre llegaré al mismo puente
A mirar el mismo río
Iré a ver películas tontas
Abriré los brazos para abrazar el vacío
Tomaré vino si me ofrecen vino
Tomaré agua si me ofrecen agua
Y me engañaré diciendo:
«Vendrán nuevos rostros
Vendrán nuevos días».

A Rolando Cárdenas

Ha llegado el tiempo
En que los poetas residentes
Escriban acrósticos
A las hermanas de los maníaco-depresivos
Y a las telefonistas.

Los alcohólicos en receso
Miran el primer volantín
Elevado por el joven psicópata.

Sólo un loco rematado
Descendiente de alemanes
Tiene permiso para ir a comprar «El Mercurio».

Tratemos de descifrar
Los mensajes clandestinos
Que una bandada de tordos
Viene a transmitir a los almendros
Que traspasan los alambres de púa.

William Gray, marino escocés,
Pasado su quinto delirium
Nos dice que fue peor el que sufrió en el Golfo Pérsico
Y recita a Robert Burns
Mientras el «Clanmore», su barco, ya está en Tocopilla.

Ha llegado el tiempo
En que de nuevo se obedece a las campanas
Y es bueno comprar coca-cola
A los Hermanos Hospitalarios.

El Pintor no cree
En los tréboles de cuatro hojas
Y planea su próximo suicidio
Herborizando entre yuyos donde espera hallar *cannabis*
Para enviarla como tarjeta de Pascua
A los parientes que lo encerraron.

Los caballos aran preparando el barbecho.
En labor-terapia
Los mongólicos comen envases de clorpromazina.

Saludo a los amigos muertos de cirrosis
Que me alargan la punta florida de las yemas
De la avenida de los ciruelos.

La Virgen del Carmen
Con su sonrisa de yeso azul
Contempla a su ahijado
Que con los nudillos rotos
Dormita al sol atiborrado de Valium 10.

(En el Reino de los Cielos
Todos los médicos serán dados de baja).

Aquí por fin puedes tener
Un calendario con todos los días
Marcados de rojo
O de blanco.

Es la hora de dormir —oh abandonado—
Que junto al inevitable crucifijo de la cabecera
Velen por nosotros
Nuestra Señora la Apomorfina
Nuestro Señor el Antabus
El Mogadón, el Pentotal, el Electroshock.

¿Qué película te gustaría ver?
¿Qué canción te gustaría oír?
Esta noche no tengo a nadie
A quien hacerle estas preguntas.

Me escribes desde una ciudad que odias
A las nueve y media de la noche.
Cierto, yo estaba bebiendo,
Mientras tú oías Bach y pensabas volar.

No creí que iba a recordarte
Ni creí que te acordarías de mí.
¿Por qué me escribiste esa carta?
Ya no podré ir solo al cine.

Es cierto que haremos el amor
Y lo haremos como me gusta a mí:
Todo un día de persianas cerradas
Hasta que tu cuerpo reemplace al sol.

Acuérdate que mi signo es Cáncer,
Pequeña Acuario, sauce llorón.
Leeremos libros de astrología
Para inventar nuevas supersticiones.

Me escribes que tendremos una casa
Aunque yo he perdido tantas casas.
Aunque tú piensas tanto en volar
Y yo con los amigos tomo demasiado.

Pero tú no vuelves de la ciudad que odias
Y estás con quien sabe qué malas compañías,

Mientras aquí hay tan pocas personas
A quien hacerles estas simples preguntas:

«Qué canción te gustaría oír,
Qué película te gustaría ver?
Y con quién te gustaría que soñáramos
Después de las nueve y media de la noche?».

Nadia teme a los gatos y vive frente a una iglesia.
Nadia resuelve puzzles y va a mirar los trenes.
Nadia lleva el nombre de una muchacha muerta
El año que filmaron «Grandes Ilusiones».

Nadia es silenciosa como un cuaderno de croquis.
Nadia creció en el pueblo como el árbol más simple
Y con ella me entiendo sin decir palabra
Porque los árboles se entienden tocando sus raíces.

Nadia no tiene edad porque ella es la nube
Que siempre va a volver a mirarse en el río.
Nadia vivirá en mí sin que yo me dé cuenta
Como un guijarro blanco brilla al fondo de un pozo.

Lautaro, marzo de 1972

A Fernando Abarzúa y Waldo Rubio, chez Yaneck.

En los viejos apostaderos, viejo actor, tú
sangras cuando la ciudad empieza a encender
sus luces.
Jorge Cáceres

Estoy en el tiempo de las seriales,
del Agua de las Carmelitas y la Gomina Vanka,
de la revista Estadio y la revista Ecran,
de los Cuatro Huasos y los Lecuona Cuban Boys.
Ingrid Bergman enciende una luz que agoniza,
el «Sapo» detiene los ataques argentinos.
Estoy enamorado de la hija del boticario.
Ella tiene siete años y no me invita a su fiesta.
Nunca más volveré a tener
los veinte tomos de «El Tesoro de la Juventud»
quemados en el incendio que arrasó Traiguén.
Como mi padre creo no creer en Dios
pero como mi madre respiro las lilas del Mes de María
y voy a la Novena de San Sebastián.
En los almacenes aún se da la llapa
y los mostradores duermen bajo un gato y una romana.
Mi tío Jorge sueña con ir a expulsar a los *Boches* de París.
No me gustan la gimnasia ni las matemáticas.
Prefiero Huck Finn a Tom Sawyer.
Hoy no temo a Boris Karloff ni a Bela Lugosi
y saludo al que hubiera querido ser
mitómano como Walter Mitty y con un impermeable
a lo Bogart.

Infiel como el ala de los pájaros infieles
Tú siempre serás mía:
Los eucaliptus sangraban,
Un caballo ciego fue a agonizar entre los rieles
Porque no quería ver el fin de nuestro amor
Mientras se marchitaban los dedales de oro sembrados
    por un loco,
Tú siempre serás mía.
Infiel como el ala de los pájaros infieles.

No creí nunca
Que vería brillar de nuevo a Venus
Sobre los techos lejanos del Regimiento
Ni que en la mañana
Reverdecieran los pasos de la infancia
Bajo esos pinos donde las ovejas lamen tiernamente el sol,
Ni que una voz adolescente
Me preguntara cómo se llaman las estrellas
A las que nunca me he preocupado de dar nombre.

Tú eres el mediodía misterioso
Del silencio de parque
Donde vemos luchar a un niño hace años con un ganso,
Allí el sol al abandonar los avellanos
Nos deja los relatos
De los muertos que amamos
Y se me reveló tu presencia
Con el mismo resplandor
Del hacha con que el amigo corta leña.

Alguien pasa silbando
Una canción que habla de nosotros.
Nunca me has preguntado qué será de nosotros:
Sólo me has preguntado el nombre de una estrella.

Junto a ti he sido quien debiera haber sido.

PEQUEÑA CONFESIÓN

Sí, es cierto, gasté mis codos en todos los mesones.
Me amaron las doncellas y preferí a las putas.
Tal vez nunca debiera haber dejado
El país de techos de zinc y cercos de madera.

En medio del camino de la vida
Vago por las afueras del pueblo
Y ni siquiera aquí se oyen las carretas
Cuya música he amado desde niño.

Desperté con ganas de hacer un testamento
—ese deseo que le viene a todo el mundo—
Pero preferí mirar una pistola
La única amiga que no nos abandona.

Todo lo que se diga de mí es verdadero
Y la verdad es que no me importa mucho.
Me importa soñar con caminos de barro
Y gastar mis codos en todos los mesones.

«Es mejor morir de vino que de tedio»
Sin pensar que pueda haber nuevas cosechas.
Da lo mismo que las amadas vayan de mano en mano
Cuando se gastan los codos en todos los mesones.

Tal vez nunca debí salir del pueblo
Donde cualquiera puede ser mi amigo.
Donde crecen mis iniciales grabadas
En el árbol de la tumba de mi hermana.

El aire de la mañana es siempre nuevo
Y lo saludo como a un viejo conocido,
Pero aunque sea un boxeador golpeado
Voy a dar mis últimas peleas.

Y con el orgullo de siempre
Digo que las amadas pueden ir de mano en mano
Pues siempre fue mío el primer vino que ofrecieron
Y yo gasto mis codos en todos los mesones.

Como de costumbre volveré a la ciudad
Escuchando un perdido rechinar de carretas
Y soñaré techos de zinc y cercos de madera
Mientras gasto mis codos en todos los mesones.

A Ştefan Baciu en Hawaii,
y a Vasile Igna, mi primo desconocido,
en Cluj, Transilvania

I

En el pueblo
donde algunos me conocen
como el poeta cuyo nombre suele aparecer en los diarios,
paseo por la calle Comercio
que ahora se llama Avenida Bernardo O'Higgins
(como en Santiago).

He comulgado con la tierra.
Voy a la Sidrería.
Allí están los parroquianos de siempre
y me saludan mis viejos compañeros de curso
que sueñan con ser alcaldes o regidores o comprarse
          una citroneta.
Ha cerrado el cine.
Aún quedan afiches que anuncian películas de
          sepia.
A lo largo de los cercos
las ortigas siguen hablando con su indestructible
          lenguaje.
En el techo de mi casa se reúne el congreso de los
          gorriones.
Pienso por primera vez
que no pertenezco a ninguna parte,
que ninguna parte me pertenece.

2

El viento trae olor a terneros mojados.

3

Kilómetro 662 a las cuatro de la tarde.
En la calle Comercio los turcos y los españoles
    bostezan tras los mostradores.
No hay un alma en la calle a la hora de la siesta
horadada sólo por el cuerno primitivo del vendedor
    de helados.
En las afueras los campesinos esperan las micros rurales.
Tal vez me vaya a otro pueblo
cuyo destino voy a leer en la palma de sus calles.

4

Hay praderas manchadas de vacas y girasoles.
De las cosas que puedan consolarme cuando vuelva a la
    ciudad enferma de smog.
Viajaré en vagones de segunda atestados como los
    de las novelas sobre la Revolución Rusa.
He visto las ventanas ciegas del Molino.
Con su arruinado dueño he tomado un trago en
    cualquier cantina.
Paso la tarde sin darme el trabajo de llegar ni siquiera
    al fondo del patio de la casa paterna.

5

El único hojalatero que quedaba en el pueblo
fue a buscar trabajo a Lonquimay.
No ganó mucha plata pero contempló la Cordillera.
Él no tiene Leica ni Kodak
así que se dedicó a dibujarla
para que sus nueve hijos la conocieran de verdad.

6

A los mapuches les gustan las canciones mexicanas
    del Wurlitzer de la única Fuente de Soda.
Las escuchan sentados en la cuneta de la Calle
    Principal.
Van a la vendimia en Argentina y vuelven con terno
    azul y transistores.
Ha llegado la TV.
Los niños ya no juegan en las calles.
Sin hacer ruido se sientan en el living para ver a
Batman o películas del Far West.
Mis amigos están horas y horas frente a la pantalla.

Tengo ganas de que lleguen los Ovnis.

7

Me cuesta creer en la magia de los versos.
Leo novelas policiales,
revistas deportivas, cuentos de terror.
Sólo soy un empleado público como consta en mi
    carnet de identidad.
Sólo tengo deudas y despertares de resaca
    donde hace daño hasta el ruido del alka
    seltzer al caer al vaso de agua.
En la casa de la ciudad no he pagado la luz ni el agua.
Sigo refugiado en los mesones,
mirando los letreros que dicen «No se fía».
Mi futuro es una cuenta por pagar.

8

Si el futuro pudiera extenderse pulcramente
como mi madre extiende las sábanas de mi cama.
Miro la ropa puesta a secar en el patio.
Han entrado ladrones de gallinas a la casa del frente.

Voy a la plaza a leer el diario con noticias más
    añejas que las de San Pablo.

9

Solitario donde nunca he estado solitario
camino hasta el abandonado velódromo de tierra
donde no aparece ni el fantasma del Campeonato
    de Ciclismo de Chile del año 30.
Hay caballos pastando en lo que fue cancha de
    fútbol.
Todos se interesan sólo por ir a ver los partidos
    profesionales a la Capital de Provincia
mientras yo pienso mordisquear una brizna de brezo.

10

Trasnochador empedernido
contemplo la luna igual a la de 1945
enrojecida por la erupción del Llaima.
La misma que miraba desde la buhardilla
mientras leía como ahora «Los miserables» y el
    Almanaque Hachette.

11

Acuérdate que te recuerdo.
Si no te acuerdas no importa mucho.
Siempre te veré caminando sobre los rieles
buscando el durazno más maduro de la quinta.

12

Ya pasó el Rápido a Puerto Montt
que antes se llamaba el Flecha del Sur.
Voy de la estación al puente
cuyos faroles dicen «Fundición Dickinson, 1918».

Ya no existe esa fundición
ni ninguna fundición.
Confío mi memoria al río Cautín y a la Capilla de
    Guacolda.
Afirmado en las barandas del puente
miro el cielo del verano que apenas sujetan los
    clavos de plata de las estrellas.

13

Hemos llegado a esta aldea en un Pontiac 40
por caminos que jamás serán pavimentados.
Espantamos cerdos y gallinas.
Los niños se asoman asombrados.
En el negocio clandestino
pedimos un pipeño y hablamos con el dueño
y con un tractorista que nos asegura que Hitler
    está vivo
y con dos recién llegados que nos convidan charqui
    de pescado:
son un estibador de Talcahuano y su compadre
    mapuche que lo trae al anca.
Todos bebimos en la misma medida
y volvimos como nuestros antepasados
ebrios al pueblo que un día nos rechazará.

14

Día domingo de salida de misa.
Las niñas se pasean con la moda recién llegada de
    Santiago
acompañadas por la banda del Regimiento que toca
    cumbias.
Los dueños de casa compran las primeras sandías y los diarios
con las noticias frescas de los últimos
    crímenes.

Camino por las últimas calles de este lugar de
      bomberos, rotarios, carabineros, jubilados,
      tinterillos y profesores primarios,
allí los puñales del sol entran por las costillas de los
      pobres cercos de madera.
Siento los estertores de las postreras carretas y
      locomotoras a vapor.
Busco la paz tendiéndome en la pradera condecorada
      por los girasoles
contemplando el glorioso oleaje del trigo
y los viajes infinitos de las nubes que van a llorar
      por nosotros.

A Jorge Edwards y Galvarino Plaza

En Madrid la suerte está en manos de los ciegos.
En Madrid las mujeres se pintan las uñas de rojo
como las mujeres de las portadas del Para Ti que
    yo veía cuando mi madre me acompañaba
    al dentista.
Estoy en la calle Lagasca y frente al Bazkari donde
    voy a comer una sopa de pescadores
le doy limosna a una gitana que está orgullosa de
    tener un hijo con nombre de Rey Mago.

He comprado a un chamarilero la revista «Boxeo
    Mundial» de 1927 en cuya portada
    aparece el Tani Loayza.
Voy de compras al Mercado de la Paz.
Converso en un estanco con un inválido de guerra.
Leo a poetas españoles que hablan de «la ciega
    presencia de la primavera» y de que «la
    mujer es una hucha».
Es invierno y me gusta ver a los niños vestidos
    como Toby y la Pequeña Lulú.

Qué raro es estar vivo en pleno Siglo xx
cuando se ama la luz de la nieve holandesa en el
    Museo del Prado.
Qué raro es estar sobrio
aún después de pasar por la Cervecería del Correo.

Podría estar horas frente a la vitrina de esa librería
donde se ve un reloj sobre una chimenea en cuya
    boca se interna una locomotora.

Hay que viajar para no viajar.

En el ABC sólo leo los avisos económicos aunque
	no tenga nada que comprar,
y en la TV me intereso por el circo y los partidos
	donde juega Caszely.

De nuevo aquí la noche podría ser mi mejor amiga
pero prefiero el atardecer donde los árboles
	sobrevivientes piensan en mí
y recuerdo los labios silenciosos de los cerezos de
	la Frontera.
Entro al Metro o a los cines sólo para dormir como
	en el vientre materno.
El polvo se acumula en mi máquina de escribir.
Estoy cansado de contar historias de provincia.
Enviaré postales lo más cursis posibles diciendo
	que el único país donde me siento
	extranjero es mi país.
No iré a los toros ni al Museo de Cera.
No iré al Retiro a rendirle un minuto de silencio
	a Mallarmé.
Sigo leyendo historias de piratas que tenían razón
	de asaltar los galeones.
Me embriago con los últimos miradores y busco una
	flor para setenta balcones.

La calle se desangra en automóviles
cuando dos millones de madrileños parten fuera de
	la ciudad a celebrar la Pasión de Cristo.
Entre el estrépito de las bocinas
me doy cuenta
que aquí nadie puede estar «solitario como una
	montaña diciendo la palabra Entonces»
y vuelvo a un silencio aldeano
quebrado sólo por el silbato lejano del afilador de
	cuchillos.

In memoriam *Rosamel del Valle*

La sangre blanca de un cerezo
era el anuncio de nuevas puertas.
Te marchaste junto al invierno
que con su lámpara desenreda las raíces
y hace surgir los sueños de los antepasados.
Viajas junto al invierno,
a las ardillas y a los pájaros nevados
que siempre recuerdan tus manos
alimentándolos en los parques transparentes.

La primavera quiso retenerte
para que descifraras una vez más
los jeroglíficos de sus ramas.
La primavera prometía en vano
el naranjo de la infancia en el patio de cemento
o transformaba en viñedo tu copa de vino.
Ya el tiempo había escrito «muerte» con tinta invisible.
Tú leías sus cartas
sabiendo que cada mañana uno debe despedirse de la muerte
diciendo «Hasta mañana».
«—Tu muerte o mi muerte —decías— serán como
   el derrumbarse fortuito de una lámpara».
Ahora el invierno ha recogido esa lámpara
y te ilumina en el viaje del retorno
hacia lo más profundo de la noche
«lejos de donde la luz pueda alcanzarte».

Aquí yace con mi infancia Samuel Donoso
cuyo nombre fue escrito por el vino.
Fue un rondador de tabernas
hasta que al final cayó en las cunetas.
Sus últimos deseos fueron
leer «Las aventuras de las 12 sillas» y comer naranjas.
Tú, que lo conociste, si lees estas líneas,
ve a beber en su nombre y como quien lanza
«un trompo de siete colores en el patio de la escuela»
una copa a «Los Pisos Blancos» o a «El Amigo
    de Todas las Naciones»
y trata de preguntarte por qué alguien como él
eligió pasar por la República
«sin reloj ni palabra de honor a bordo de una nube».

PARA ANTONIO MACHADO
AL LEER DE NUEVO SUS POEMAS

A don Ángel Ciutat

Vuelvo a soñar caminos de la tarde,
vuelvo a abrir el libro de lectura
donde te hallé en las páginas escolares
acariciando el caballo gris del tiempo.

Ya no oí la campana del recreo. Tú enseñabas
que una pobre loba muerta
sería la juventud perdida. Pero una sombra amada
siempre entre álamos de oro nos aguarda.

Tus palabras
eran las mismas palabras verdaderas
con que en la provinciana tarde nos hablaban
la fuente de la plaza,
el solfeo monótono del piano
de los alumnos de la eterna solterona,
el humo interminable del cigarro
del caballero antiguo
que cuida su raída dignidad en el casino.

Sí, he vuelto a soñar caminos de la tarde.
Y he llegado a las calles del pueblo
donde una a una caen las ciruelas
como rojas y maduras campanadas
del reloj del verano,
por donde lentamente pasa
conducido por el fantasma del primo ferroviario
el tren que el Año Triste te llevaba

por yermos y escoriales
en su máquina a vapor de tos ferina.

Hoy ha llegado el tiempo del destierro
y tú estás con nosotros.
Tú nos das a beber
vino nuevo en odres viejos,
hermano mayor mal vestido y triste,
borracho melancólico,
guitarrista, lunático, poeta.

Quien escucha tu voz oye hoy la propia.

Caminemos hasta vencer la niebla.

No has trabajado para el polvo y para el viento.

Septiembre 19, 1974

Una cosa diré:
     Estoy viejo, ya creo que tengo más de ochenta años.
Conozco las estrellas:
     la estrella-carreta, el corral del ganado,
     el tirador, el rastro del avestruz, el boleado,
     el montón de papas o la gallina con polvos,
     el pellejo oscuro, el camino de hadas.
     He visto caer las hachas de piedra,
     y una
     gran bola de fuego que corre como un
     tizón y trae la desgracia.

La piedra más apreciada es la llanca verde.
El canelo es nuestro árbol sagrado.
Las flores más lindas son la flor del gato y la lengua de loro.

Los años fríos se llaman «años machos», los sin
     heladas ni nevazones
«años mujer».
A veces se mueve la tierra,
     el Gnechen hace temblar la tierra.

La gente antigua no tenía nombre para los meses
     de los años.
Se orientaban diciendo:
     tiempo de los brotes, luna de las primeras
frutas;
     tiempo de sol y de cosechas; cosecha

[*] Texto basado en «Memorias de un cacique mapuche», de Pascual Coña, recopiladas y traducidas por el misionero capuchino de origen bávaro Ernesto Wilhelm de Moesbach y publicadas en 1929.

guardada, caída de las hojas de manzano;
    brotes grises, luna cenicienta, estación
    de las
lluvias, lunas frías, escasez.
Y antes todavía
    se distinguían sólo el verano de las frutas
    silvestres
y el invierno cuando todo se había acabado.
Ahora el mapuche se ha chilenizado,
    habla como los chilenos,
    así yo digo:
                «Yo emprendí mi viaje a
Argentina el 13 de abril de 1882».
Primero vimos al Presidente Santa María en Santiago,
    Painemilla habló
con él, no le hizo caso.
Estuvimos en Buenos Aires,
    el Presidente Roca nos dio doscientos pesos, cuidó
    de nosotros,
    «de tal manera procede el hombre que tiene buen
    corazón».
Mi padre tenía un gran manzanar.
Había abundancia de manzanas,
crecían por todas partes,
los árboles se agachaban hasta el suelo por la
    abundancia de las frutas.
No se sufría hambre.

El que tenía ganas comía harina tostada y tomaba
    chicha.
Los mapuches se ayudaban entre sí cuando
    empezaban un trabajo,
esto se llamaba «mingaco».
La chicha se fabricaba para las fiestas:
    guillatunes, torneos de cueca,
    matrimonios, casas nuevas, entierros,
    iniciaciones de machis,

y para que las almas de los muertos llevaran su
    cocaví.
Cuando desperté a la razón vivía con mis padres
    a orillas del mar,
en Rauquenhue. Allí me crié.
Jugábamos a las habas apostando lazos, lamas,
    cuchillos.
Jugábamos a la chueca.
Los mapuches tenían mucho apego a la chueca.
La Misión del Padre Octaviano fue jugada a la
    chueca.
Venció el equipo que estaba a favor del Padre.
Así se escaparon de la muerte él y su Misión.

Me aborrecieron por causa de mis tierras.
Los huincas por mi suelo no más pasaron.
Me ponían cercos en medio de mis terrenos.
Los fundos eran antes todos propiedades
    mapuches.

En las rogativas con un vaso trizado se lleva sangre
    y se dice:
«Aquí estás, Padre Azul, Aplastador del Río».
Después de cada rogativa diremos «Oom»
y él mandará sol o lluvia.

Ahora estoy enfermo, acostado en el suelo, esperando
    la muerte conforme a los antiguos usos.
El Padre Ernesto recoge mis palabras,
he abandonado todas las cosas de este mundo.

IX

CARTAS PARA REINAS
DE OTRAS PRIMAVERAS

CARTAS PARA REINAS DE OTRAS PRIMAVERAS
Ediciones Manieristas
Santiago de Chile, 1985

Está más joven la muchacha que amanece sonriendo
frente al canto del canario cada vez más joven.
Está más joven en la portada de la revista
    sobre la mesa de nogal cada vez más joven
el retrato de los Campeones Mundiales del año 30.

Está más joven la mujer que se despierta para lavar
    ropa ajena en la artesa rústica.
Están más jóvenes quienes en la plaza hablan
    de sus amigos desaparecidos o asesinados.
Está más joven la flor guardada entre las páginas
    de *Fermina Márquez*,
está más joven el rugoso pescador que bebe
    su aguardiente frente al temporal recién nacido.
Está más joven el guijarro que espera ser
    recogido por un niño,
tras ser pulido por una ola que cada viaje hace
    cada vez más joven.

Sólo yo he envejecido.

Había una vez una muchacha
que amaba dormir en el lecho de un río.
Y sin temor paseaba por el bosque
porque llevaba en la mano
una jaula con un grillo guardián.

Para esperarla yo me convertía
en la casa de madera de sus antepasados
alzada a orillas de un brumoso lago.
Las puertas y las ventanas siempre estaban abiertas
pero sólo nos visitaba su primo el Porquerizo
que nos traía de regalo
perezosos gatos
que a veces abrían sus ojos
para que viéramos pasar por sus pupilas
cortejos de bodas campesinas.
El sacerdote había muerto
y todo ramo de mirto se marchitaba.

Teníamos tres hijas
descalzas y silenciosas como la belladona.
Todas las mañanas recogían helechos
y nos hablaron sólo para decirnos
que un jinete las llevaría
a ciudades cuyos nombres nunca conoceríamos.

Pero nos revelaron el conjuro
con el cual las abejas
sabrían que éramos sus amos
y el molino
nos daría trigo
sin permiso del viento.

Nosotros esperamos a nuestros hijos
crueles y fascinantes
como halcones en el puño del cazador.

Y tú quieres oír, tú quieres entender. Y yo
te digo: olvida lo que oyes, lees o escribes.
Lo que escribo no es para ti, ni para mí, ni
para los iniciados. Es para la niña que nadie
saca a bailar, es para los hermanos que
afrontan la borrachera y a quienes desdeñan
los que se creen santos, profetas o poderosos.

¿Para qué dar señales de vida?
Apenas podría enviarte con el mozo
un mensaje en una servilleta.

Aunque no estés aquí.
Aunque estés a años sombra de distancia
te amo de repente
a las tres de la tarde,
la hora en que los locos
sueñan con ser espantapájaros vestidos de marineros
espantando nubes en los trigales.

No sé si recordarte
es un acto de desesperación o elegancia
en un mundo donde al fin
el único sacramento ha llegado a ser el suicidio.

Tal vez habría que cambiar la palanca del cruce
para que se descarrilen los trenes.
Hacer el amor
en el único Hotel del pueblo
para oír rechinar los molinos de agua
e interrumpir la siesta del teniente de carabineros
y del oficial del Registro Civil.

Si caigo preso por ebriedad o toque de queda
hazme señas de sol con tu espejo de mano
frente al cual te empolvas
como mis compañeras de tiempo de Liceo.

Y no te entretengas
en enseñarle palabras feas a los choroyes.

Enséñales sólo a decir Papá o Centro de Madres.
Acuérdate que estamos en un tiempo donde se habla
    en voz baja,
y sorber la sopa un día de Banquete de Gala
significa soñar en voz alta.

Qué hermoso es el tiempo de la austeridad.
Las esposas cantan felices
mientras zurcen el terno único
del marido cesante.

Ya nunca más correrá sangre por las calles.
Los roedores están comiendo nuestro queso
en nombre de un futuro
donde todas las cacerolas
estarán rebosantes de sopa,
y los camiones vacilarán bajo el peso del alba.

Aprende a portarte bien
en un país donde la delación será una virtud.
Aprende a viajar en globo
y lanza por la borda todo tu lastre:
Los discos de Joan Báez, Bob Dylan, los Quilapayún,
aprende de memoria los Quincheros y el 7º de Línea.
Olvida las enseñanzas del Niño de Chocolate, Gurdjíeff
    o el Grupo Arica,
quema la autobiografía de Trotzky o la de Freud
o los *20 Poemas de Amor* en edición firmada y numerada
    por el autor.

Acuérdate que no me gustan las artesanías
ni dormir en una carpa en la playa.
Y nunca te hubiese querido más
que a los suplementos deportivos de los lunes.

Y no sigas pensando en los atardeceres en los bosques.
En mi provincia prohibieron hasta el paso de los gitanos.

Y ahora
voy a pedir otro jarrito de chicha con naranja
y tú
mejor enciérrate en un convento.
Estoy leyendo *El Grito de Guerra* del Ejército de Salvación.
Dicen que la sífilis de nuevo será incurable
y que nuestros hijos pueden soñar en ser economistas o
    dictadores.

Tú no sabes quién era Rudy Vallée
(por lo menos eso creo yo)
pero me gustaría escucharlo junto a ti.
Hay tantas cosas que nos unen:
Las tres B
que no son Bach Beethoven ni Brahms
sino un restaurant de Lautaro o Vilcún
o Ercilla (donde todo es Bueno, Bonito y Barato).
Allí fuiste Reina de las Cerezas.
Me contaste que te gustaba la Gruta de Lourdes (que
el Párroco de Padre las Casas nos perdone) y
el Cognac Napoleón en la guantera del auto.
Y por eso te envío
una falsa traducción
de algo que cantaron para nosotros
primero Rudy Vallée
y después Blanche Dubois en la tina de baño:

Este es un mundo de empresarios de Circo
donde todo lo desechable se puede conseguir,
pero no sería una Luna de papel
*   si creyeras en mí.*

Si no me quieres
todo es un desfile de Miss Chile
Todo es una melodía
aplaudida en un Sábado Gigante.

Sólo quiero una Luna de papel
una luna de mentira
que sería de verdad
si creyeras en mí.

Revistas color sepia, programas de matches estelares,
el par de guantes firmados por el Presidente
cuando ganó el Campeonato
colgados junto al retrato de la Difunta
lo hacen buscar la gloria del Álbum amarillento
y mientras hierve el agua en el anafe
va recordando la cara del público y sus rivales
a quienes el tiempo les ha contado diez.

La tarde cuelga frente a su ventana
como una raída y sucia bata de combate,
y él vuelve a bailotear en el ring,
siente ovaciones en la tarde muerta.

No crean que está solo
mientras prepara el café
y hace guantes frente al espejo
que le muestra su nariz rota y sus orejas de coliflor.

Todas las tardes regresan sus admiradores
que en la estación se empujan para llevarlo en hombros
a la vuelta de su gira triunfal
y lo dejan en la primavera del césped de pez-castilla
    donde —como le prometió a su madre—
sueña que ha esquivado —sin despeinarse— los golpes
    del olvido.

En una tarde de ninguna tarde sales a pasear del brazo
              del Loco del Tarot.

Será como mirarse en un caleidoscopio
              único lujo de la vitrina del
              bazar del barrio
vemos al dueño tratando de reanimar los carbones del brasero.

Será todo como en la Plaza Manuel Rodríguez
              que era el patio de tu casa
allí te robaron tu triciclo sin permiso de tu Ángel de la Guarda.

Entramos a un aserradero.
El maestro me dice cómo debes enseñarme
a construir un estante de madera de pino.
Aparecen peluqueros casi centenarios
   que asientan las navajas
para clientes que ya se fueron a otros mundos.
Aparece una frutería igual a la de doña Modesta en Lautaro
      desde allí saludabas todas las mañanas a la viuda del
              guardacruzadas en caseta esperando la pasada del
              tren lastrero.

Hoy es día de tu santo y tú ni lo recuerdas
pero en Nueva York 11 Álvaro y Jonás con tu tío Iván
              alzan una copa en tu honor
y tu hermano en Bucarest oye aletear molinos de
              alas de mariposas
y los hijos de un Viejo Hidalgo tocan por ti junto a
              Vasile Igna una Misa en Re.

De una carretela se detiene un campesino a recoger ramas.
A él no le importan
                    los semáforos santiaguinos.
Él sabe
que te aman los apaleados caballos y las muchachas locas
que convierten en hostias sagradas las galletas de agua
                que a mediodía les llevas a la Clínica.
Visitante a la Hora de Once porque vives añorando el
                pan amasado.
Llegas con la paz de un colibrí
a quien nadie podría atrapar
ni en un jardín Benedictino.

En tu mirada temen reflejarse los muros coronados de
                alambres de púa.

Me regalas «The Ring», la Biblia del Boxeo
y yo
«La Colina de los Helechos» y «La Fuga de los Cisnes».

Me has dado a Tamia
la lluvia morena que calma toda sed
y a Adrián
taimado como un Jorge cualquiera huye de todos los
                umbrales donde en vano lo aguardan.

No te importa
que me jale la barra del Bar
como dices con tu acento de Cuyanquén, Palermo, o
                Puente de los Suspiros
porque sabes que a tu lado recupero
la Bilz de los carros de tercera
y la Panimávida tiene sabor a Veuve-Clicquot.

Hemos salido a pasear juntos después de no sé cuántos
                años
Carolina de todas las estrellas

Carolina de más estrellas que todos los vinos y generales
          del mundo
(cuando naciste eran las tres de la mañana en Noviembre
y los hombres miraban el cielo esperando el paso
de una estrella roja).

Me gusta caminar contigo y ver que tus zapatos que
          aquí no se usan
hacen florecer los adoquines,
y que te enojes porque a Pepe Pardo las cervezas no dejan
          de volvérseles azules
y que puedes convertir en nidos todas las computadoras.

Todo esto sonriéndome como se sonríe el pianista cesante
          cuando llegó el Cine Hablado,
mientras apoyas tu mano en mi muda mano
Carolina,
amor mío,
hija mía.

X
EL MOLINO Y LA HIGUERA

EL MOLINO Y LA HIGUERA
Ediciones del Azafrán
Santiago de Chile, 1993

Un hombre solo en una casa sola
No tiene deseos de encender el fuego
No tiene deseos de dormir o estar despierto
Un hombre solo en una casa enferma.

No tiene deseos de encender el fuego
Y no quiere oír más la palabra Futuro
El vaso de vino se ha marchitado como un magnolio
Y a él no le importa estar dormido o despierto.

La escarcha ha empañado las ventanas
Pero a él sólo le importa mirar la apagada chimenea
Sólo le gustaría tener una copa que le contará una vieja historia
A ese hombre solo en una casa sola.

Una historia como las que oía en su casa natal
Historias que no recuerda como no recuerda que aún está vivo
Ve sólo una copa vacía y una magnolia marchita
Un hombre solo en una casa enferma.

ESTAMOS SOLOS
(*Vieja canción irlandesa*)

Una mujer ve la suerte a un hombre que no le ha pedido
nada.
Él no quiere verla ni oírla.
Pero ella le dice:

«No habrá sino lluvia entrando en ventanales sin vidrios.
El techo de tu casa se derrumbará.
Y nunca oirás risas despertándote de
la siesta del verano en el pequeño puerto
donde las mujeres tienden ropa en las calles,
y no verás en la noche florecer los meteoros».

Ella grita para que no siga acumulando sueños
en la copa de su ebriedad
pero ahora él duerme
y sueña estar a orillas del río del País de la Libertad
donde llegarán los suyos cantando «Sinn Féin»
el himno de los que no les importó perder la casa,
ni el mar, ni la esperanza.

A Mary Crow

No soy un General activo ni en retiro
y sólo he sentido silbar balas en mis oídos
en las matinées de los miércoles y domingos
en el Teatro Real del Pueblo.

Allí aprendí que la justicia se hacía al margen de la Ley,
que estaba a cargo de Tom Mix, o Shane el Desconocido.
Al final los pillos, los malos y los delatores
serían castigados
y el jovencito se casaría con la niña.

Añoro los grandes espacios-trigales de las llanuras,
en estos valles estrechos y áridos
«donde el silencio me amortaja como si estuviera muerto»
y me llama la sirena de un bar de Tucson o Fort Collins.

No me gusta Búfalo Bill, torpe cazador de bisontes,
que vendió a Calamity Jane como artista de circo.
Estoy al lado de Sitting Bull y Crazy Horse
que decía que todos los blancos estaban locos
tan locos como Custer que murió con las botas puestas
junto a su Regimiento de asesinos de niños y mujeres
no sin antes pedirle un día de tregua a los Sioux para escapar.

Nostalgias del Far West. Nostalgia de Globe-Trotters y
    de los pioneros.
Saludo a los Hermanos Clanton y Doc Holiday
el mejor pistolero y dentista del O.K. Corral.
Estoy donde Don Rocha frente a un vaso de whisky.
Sí, nostalgias del Far West, nostalgia de rebaños
y trigales infinitos, de lunas azules y de un tiempo sin tiempo.

Susana León vive en el verano con nieve de Oslo
restaurando antiguas muñecas de porcelana
y publica «La última carta del año».
Gabriel Barra traduce a Pasternak al sueco.
Por supuesto mis hermanas y sobrinas comen empanadas los
    domingos
en Estocolmo.
Mi madre en Jarfalla escribe a los 77 años poemas sobre su
    perdido hogar de Lautaro.
Mi padre sobre su infancia en Victoria y sigue cantando «La
Internacional» bajo una bandera chilena
y piensa en la grandeza de Stalin, el vencedor de Hitler y los
    nazis.

Un profesor rural de Imperial es vendedor de boletos en
    Laponia
Cameron en Malmo publica a 50 poetas en el exilio.
Jorge Aravena Llanca enseña a bailar tangos en Berlín
    occidental.

En fin
he recibido cartas
de México
Mozambique
Hungría
Rumania
Francia
Perú
Inglaterra.
De tantos y tantos países
Perdónenme amigos que no les haya contestado.
Deben comprender
que para mí nunca han salido de Chile.

Hoy soy un miembro del Club de los Corazones Solitarios.
En la clínica espero, aburrido, el desayuno,
Mientras mi compañero de mesa mira el muro recién
    blanqueado
y comenta, riendo, una película de gangsters.

Nunca te envié ni siquiera una postal, y no sé por qué me
    acuerdo de ti.
Debes estarle dando desayuno a tus hijos
¿Cuántos son? ¿Se parece alguno a mí?
Debes haberte casado con un profesor primario o un Jefe de
    Correos.

Vas a la huerta y hablas con tu madre
sobre tu padre y sus amigos muertos
que hoy deben estar en el cielo jugando brisca rematada,
tras dejar como herencia casas a medio morir saltando.

Yo, antes de ir al Liceo, te hablaría bien del peor alumno
    del curso
y del partido de fútbol que ayer ganó el «Águilas del
    Barrio Norte».
Yo no sabía que iba a viajar bajo tantos cielos agonizantes,
y que en ningún país hallaría alguien que compartiera
    el silencio.

Yo no sabía que iba a cumplir cincuenta años sin nadie
y por eso te veo mientras espero el desayuno.
Sonreías en el puente cuando te decía que no moriríamos
    en Nápoles

y que en el Sena te obligaría a subir a un bateau-mouche.

Tú vuelves a hacer hablar a la cocina a leña
y tus días pasan como si no pasaran:
son el tropel de bueyes que tu hermano lleva a la Feria
y yo sigo escribiendo versos tontos que debería echar
    al fuego.
Hoy soy un miembro del Club de los Corazones Solitarios.

La ventana ilumina el bosque
Tus cabellos rubios son ahora un claro de luna
Que acoge a los gatos que dejan de ser vagabundos
    para reconocerte
La ventana se cierra
Tus cabellos iluminan el bosque
Te quiero.

Yo caminaba por la Avenida Macul. ¿Qué edad tenía?
¿Veintidós, veintitrés años?
Sobre los plátanos orientales
El sol otoñal
Se deshacía como el vitreaux de una iglesia abandonada.

Yo no buscaba ningún recuerdo
Pero vi brillar ante mí los soles de tu ausencia.

Yo me sentaba en la terraza de Los Cisnes frente a una cerveza
Un pobre carrusel de fiesta de pueblo giraba en mi mente
Y me impedía leer el diario de la tarde
	y hacer el pronóstico de las carreras
Un amor que yo aún desconocía se me reveló en una pequeña
	nube rojiza
Aunque sólo me esperaba el silencio de la pensión donde
	debía regresar
Acompañado por una lámpara que yo creía era el faro de
	todos los encuentros
Y un espejo que reflejaba sólo moradas irreales
Y un futuro donde ella me esperaba junto a una muchacha
	nacida junto a dos peces divergentes.

In memoriam *Juan Cunha*
(Poeta uruguayo, 1910-1985)

Ahora vuelvo a encontrar la luz que permitían los días
verdaderos
que en su rosario vuelven y vuelven a contar
las nubes que los visitan
para enseñarles sus nombres.

Me gustaría estar en el patio de esa casa
y ver pasar un rosario de nubes que sólo yo sabría descifrar.
Y que mi vecina viniera a sentarse junto a mí
y coloreara en silencio su cuaderno de dibujo.

Yo oía a los mapuches pregonando cochayuyo
Yo oía la garlopa del carpintero vecino
Yo cerraba los ojos para no ver las brumas de los
    muelles del futuro
para no ver tantos rostros que los años me robarían.

Murió el mendigo ciego a quien mi madre le daba pan todos
los días.
Tú ya no coloreas ni los cuadernos de dibujo de tu hijo.
Ya no tengo vecinos y mi casa natal es mi soledad.
Y los amigos que me acompañaron al Depth South
no saben por qué a veces quiero estar solo
y llegar al Hotel Siegmund donde Mario me dice:
«¿Don Jorge, se va a servir lo mismo que hace quince años?»

Cuando yo no era poeta
por broma dije que era poeta
aunque no había escrito un solo verso
pero admiraba el sombrero alón del poeta del pueblo.

Una mañana me encontré en la calle con mi vecina.
Me preguntó si yo era poeta.
Ella tenía catorce años.

La primera vez que hablé con ella
llevaba un ramo de ilusiones.
La segunda vez una anémona en el pelo.
La tercera vez un gladiolo entre los labios.
La cuarta vez no llevaba ninguna flor
     y le pregunté el significado de eso a las flores de la plaza
que no supieron responderme
ni tampoco mi profesora de botánica.

Ella había traducido para mí poemas de Christian
     Morgenstern.
A mí no se me ocurrió darle nada en cambio.
La vida era para mí muy dura.
No quería desprenderme ni de una hoja de cuaderno.

Sus ojos disparaban balas de amor calibre 44.
Eso me daba insomnio.
Me encerré mucho tiempo en mi pieza.

Cuando salí la encontré en la plaza y no me saludó.
Yo volví a mi casa y escribí mi primer poema.

A GEORG TRAKL (1887-1914)

«Entre avellanos juegan niños a la gallina ciega
como enamorados que se abrazan en sueños.
Zumban las moscas junto a una carroña
o, tal vez, llora, antes de nacer un niño».

Ya no se juega sino en la Escuela de la Cimarra
que aplastará el Tálón de Hierro.
Los niños del Futuro prefieren yacer bajo tierra
y hablan por ellos sólo moribundos avellanos.

Hay enamorados que se abrazan en sueños.
Lloraron por ellos Johnny Ray y una nubecita blanca.
Lloran por ellos los que ya no se abrazan.
Zumban las moscas alrededor de una carroña.

Es tarde. Sonrío, Georg, ante nubes como las que veías pasar
junto a las drogas, la Guerra y tu suicidio.
Sonrío indiferente, antes de escribir un poema esfumado
aunque en algún regazo esté llorando un niño.

A Germán Arestizábal

Salgo de la casa a orillas del río
El cartero me ha traído periódicos de 1935
Saludo a los pescadores a lienza
Llego al Restaurant al aire libre del pueblo
Todos los clientes
Están siempre vestidos de Domingo
Todos se conocen pero nadie saluda a nadie
La iglesia está cerrada a piedra y lodo
Ha vuelto el Astrólogo que escribe en los muros:
«Un sueño sin estrellas es un sueño olvidado»
A lo lejos hay soldados que encienden hogueras
Que empañan la tarde
Ellos pronto empezarán a luchar
Ellos nunca entrarán a este pueblo
Donde nadie ha sido marcado
Llega una procesión de niñas vestidas de Primera Comunión
Que dejan sus muñecas en las sillas vacías
Más tarde aparecen prostitutas de ojos almendrados
Que traen brazadas de flores silvestres
Todas se van
Los basureros recogen las muñecas y las flores
Y en sus carretillas las llevan a los sitios vacíos
Nuestras casas se abren
Entramos solitarios a ellas
Llueve por primera vez sobre la tumba del hermano muerto
Mañana será el mismo día que mañana.

In memoriam *Henry Treece*

Y el Poeta me dijo:
    «El bosque esta lleno de crepitantes pasos
    El bosque está lleno de agonizantes chillidos.
    ¡Nadie debe entrar esta noche a ese bosque!».

Allí encontré una mujer de ojos de amaranto
y de uñas creciendo como amistosas orugas.
Su pelo tenía el color de las hojas insomnes
y una rama la guiaba como sabia serpiente.

Ella me cantó nuevas villanelas
y me mostró el dragón que la protegía en el aire.
Un jabalí defendió con sus dientes mi mente
y supe que una risa oculta se burlaba de mí.

Ella me hizo dejar mi amuleto sobre una lápida
y me mostró cómo matar mis amadas alondras
con una mueca, un silbido, un susurro,
con una hoja transformada en el licor prohibido.

Ella me preguntó mi nombre y el nombre de mi casa.
Yo sólo le nombré el Libro de los Libros.
Ella me dijo que podíamos dejar el bosque
e ir al Baile de los Reyes del Valle de la Luna.

Yo vi sus ojos volviéndose hogueras implacables,
vi sus uñas creciendo como amenazantes culebras
y recordé de golpe los rezos de mis parientes
y me encontré solo en mi tierra natal.

XI

HOTEL NUBE

HOTEL NUBE
Ediciones Lar
Concepción, Chile
1996

Desde el campo junto al otoño con olor
    a jacarandá y buganvilia
Saludos te envía el Perro Toby
A quien amabas como tu tío Sebastián
    ama a las plantas
Saludos te envía el Gato Pedro
Que ronroneaba bajo tu mano
Te recuerdo en la limpia y clara mañana
Acompañando al jardinero
A llevar leña en la carretilla
Hijo del futuro
Vuelve a Lautaro
A la casa de madera de los antepasados
Al lado de la línea férrea
Remarás en el Cautín aún no contaminado
Son los deseos de quien no teme repetirse
Vuelve al pasado
Acuérdate que «hay que tener un hijo, escribir
    un libro, plantar un árbol»
Sé digno de tu nombre y te digo en nombre de Vallejo
«Darío de las Américas Celestes».

El Molino del Ingenio, marzo 1994

Los amantes desamparados
caminan de la mano por la noche.
Los amantes desamparados
se separan en medio de la noche.

Sienten que su amor es infinito
como el rumor del río junto al parque
pero no tienen sino los parques y la plaza
donde en la tarde se sientan a besarse.

Saben que su amor es luminoso
como el vuelo blanco de las gaviotas
pero están condenados a ocultarse
en las oscuras calles de los barrios.

Saben que su amor es siempre joven
como el trigo que cada año se renueva
pero no tienen casa ni dinero
y los mayores quieren marchitarlos.

Los amantes desamparados
se separan en medio de la noche.
Y luego cada uno en su lecho sueña
con una mañana donde el mundo entero
será su casa y les abrirá las puertas.

Apenas hoy podría soñar
Miosotis que pensaban en mí
En terminar mis días
Tras un mostrador antiguo
Vendiendo lámparas a carburo y aperos de labranza
Y hablando con los campesinos
Que lían cigarros en papel amarillento
Sobre la próxima cosecha

Apenas podría soñar
Con ya tener el deseo de no soñar
Ser olvidado como la vía muerta de un vagón en un
     desvío

Dadme
Padre Tiempo
Un lugar donde no recuerde a nadie
Porque todos estarán presentes
Como mi madre frente a un mostrador de Freire
    en 1932.

Una plateada lentejuela vuela desde tu traje de fiesta
                    a mi mejilla
se deshace en mis dedos
como las fiestas donde nunca fui
como se deshace indiferente frente a ti mi cerebro
inundado por la cerveza que me pides que no beba.

Pero hoy la recuerdo
y me gustaría que la vida fuera un circo
donde se dejara entrar gratis a una mejor vida a gente
                    como tú
y se encendiera la «Candileja azul de la ilusión»
mientras me despido de ti que haces un paso de baile en la
                    vieja calle que baila contigo
y yo no voy a cruzar el puente de los Mellizos
para encontrarme con los que quieren ser los nuevos
                    vagabundos del Dharma.

Mientras la dueña de casa
dice junto a su perro «El Fumador»
que dentro de esta vida está la otra vida.

Es demasiado tarde para que se abran nuevos circos
Es demasiado tarde para llamar a alguien por teléfono
Es decir, a nadie que quisiera llamar en esta Ciudad
                    Envenenada.

Cumpliendo su deseo
Rezo por él
A un Dios Desconocido
Que lleve para siempre
El perramus blanco
Heredado de su padre
Que nadie le meza su barba pelirroja
Y que se persigne todas las mañanas
Antes de pedir
—Como le correspondería—
Un Tom Collins o un Bloody Mary
Esperando a la Bacall
Viuda de San Boogie
Que llegará a Chiloé en el Holandés Volador
Cantando «Corazón de Escarcha»
Guiados por el viejo tripulante Cárdenas
Estoy aquí Germán
Soy un modesto sobreviviente
Cuyo último deseo es que alguien rece
por nosotros
Porque aunque nadie lo crea
Tuvimos una madre piadosa
Que no quería que jugáramos a las chapitas
en el cementerio.

He recorrido tan pocos caminos
y he cometido tantos errores.
Risible vida, risibles contradicciones,
así fue y así será siempre.

Me entristece mirarte. Otros labios
desgastaron el calor y el latido de tu cuerpo.
Qué importa. Qué importa que caigan sin sentido
tantas lloviznas muertas.

No las temo. No temo
el moho ni la podredumbre amarillenta.
No nací para una vida dulce y una sonrisa.

El patio de la casa está sembrado
de los cerezos color de osamenta.
Sí, elegí el invierno
y el marchitarse sin ruido
no debe entristecer a nadie.

De ti guardo el amor a las casas de madera,
al olor de la harina tostada
y del pan amasado
y del fuego que crepita dulcemente en la chimenea
y de contar sólo hermosos sueños.

Comprendo que no supe comprenderte
que creí poder vivir solo.
Vuelvo a mirarte
en un campo que tú amarías
aunque aquí no llueva sobre el techo de alerce rojo
de tu casa que te quitaron.

Vuelvo a mirarte
en una ciudad tan lejana,
tan fría, tan ruidosa.
Añorando los cerezos de tu patio, el huerto del patio,
la flor de la pluma,
escribiendo tus simples poemas
sobre tu niñez sureña y cantarina
como el galope del caballo de tu padre.

Ahora te recuerdo
mucho más que cuando se te empañaban los ojos
cuando yo partía alegremente a la ciudad
esa ciudad que era tu enemiga.

Ahora te recuerdo
y quizás tu muerte
me haría menos daño
que tu exilio.

XII

EN EL MUDO CORAZÓN
DEL BOSQUE

EN EL MUDO CORAZÓN DEL BOSQUE
Fondo de Cultura Económica
Santiago, Chile
1997

Es así que en mi memoria en la tarde resuena de pronto
            como el viento en el cordaje de un barco
la casa deshabitada.

Vibran a solas cristales de armarios vacíos, la penumbra
            quisiera conmovernos.

Es aquí donde decíamos: qué tiempo maldito hacía debajo
de los pinos, por suerte que vino usted a tiempo,
            buenas tardes
tío, qué mala noche, no importa habrá un buen día
            de sol.

Aquí en el umbral alguno de nosotros debe vestir
            los ropajes de sacrificio para decir:
una visita cosía misteriosas telas de luto,
aquí entró un tímido caracol, se ovilló blanco un gato,
aquí estuvo la sombra, el agua, el fuego.

Es preciso que alguno de nosotros venga y diga:
los cubiertos de la casa, qué se hicieron,
            sin duda los robaron.

Grave silencio, ven a reposar sobre mis hombros
como el peso conmovedor de una muchacha lejana,
            sollozando.

Es así como ahora todo nos falta. Si alguien nos ofreciera
            un poco de sidra del abuelo tal vez
nos salvaríamos.

Cuando en la tarde aparezco en los espejos
Cuando yo y la tarde queríamos unirnos
Tristemente nos despedimos
Tristemente nos hablamos en el espejo que disuelve
    las imágenes
Quién soy entonces
Quizás por un momento
De verdad soy yo que me encuentro.

Quién soy yo sino nadie
Alguien que quisiera pasarse los días y los días
Como un solo domingo
Mirando los últimos reflejos del sol en los vidrios
Mirando a un anciano que da de comer a las palomas
Y a los evangélicos que predican el fin del mundo.

Cuando en la tarde no soy nadie
Entonces las cosas me reconocen
Soy de nuevo pequeño
Soy quien debiera ser
Y la niebla borra la cara de los relojes en los
    campanarios.

En un hotel llamado Regional
Igual que los hospitales
Escuchamos «El Submarino Amarillo»
En vez de escuchar canciones mexicanas
Como correspondía al barrio
Cómo he llegado a verte
Es tan simple y tan misterioso
Tal vez no he llegado a verte a ti
Pero tú eres la única persona que no me refleja
Y la música lo dice
En esta ciudad del centro del país
Qué importas tú qué importa nadie
Cuando no queda sino la andrajosa melancolía de envejecer
No le cuentes viejas historias a viejos maestros
Tú tampoco muñeca
Desaparecida el mismo día en que te conocí
Me acordé de ti en el Hotel de France de Carahue
Viendo las muchachas de los calendarios
Que los rústicos creen inexistentes
Se jugaba billar
El dueño perdía la plata en el póker
Siempre desaparezco en las provincias
En el profundo sur
Allí han caído todas como piedras en el agua
Las ondas concéntricas todavía me atrapan
Seguramente este es un estado de gracia
En el aire revolotea mi alma junto a la última hoja del
    eucaliptus
Y mi cuerpo eres tú
En quien apoyo mi cabeza
Escuchando las tiernas pulsaciones de tu corazón
Pero qué triste es no tener este estado de gracia

Porque el sol nos da sólo un segundo
Un estado de transparencia
Donde estuvo el que yo fui alguna vez.

He dormido donde un amigo hasta las siete de la tarde
Ahora sé que el *Diazepam* es lo mismo que el *Valium 10*
Los gallos cantan a cualquier hora
Salgo al patio
Hay cinco gatos vagos cuyos nombres no conozco
Pero me saludan como a un viejo colega.
Llega mi amigo. Salimos a beber *Santa Emiliana* a la calle
    Capitán Ávalos
Somos los últimos en salir del boliche
Y tal vez mañana los primeros en llegar.

Hace años no me despertaban los gallos a esta hora
Estoy en un lugar donde se lee: «The Ring»
Los libros de Rubén Azócar y «La Balada del Café Triste».

No sé por qué tengo una ceja rota
¿Escribiré una nueva carta al Suicida?
¿Viajaré al Deep South a mirar a los últimos trenes a vapor?
¿Comeré kuchen de manzana en donde aún se creen
    alemanes?
¿Leeré versos a quienes sólo escuchan a Julio Iglesias?

Con una chaqueta de terciopelo
Que alguien que creía amarme me regaló en Madrid
Y una horrenda corbata obsequio del poeta Cameron
Veo morir el atardecer en la Gran Avenida
«Muerte no te enorgullezcas».
Qué importa terminar como Stan Laurel
Haré cuenta que fui actor de una mala película
Cuyo guión no dejé redactar a nadie más.

CARTA A UN CURA RURAL

(Paráfrasis de René Guy Cadou)

Querido amigo, sin duda está usted en un pueblo
encerrado por los barrotes de la lluvia
invitando a cenar a inquietantes personajes
como Apollinaire, Cendrars o Braulio Arenas.

El jardín parroquial no ha perdido su encanto,
ni el huerto su frescor.
Siempre se huele a retamos,
siempre se oye el silbido de un tren.

Mientras yo le escribo
creo que usted mira la casa del ahorcado
y sus viejos libros reposan
hasta que lleguen a leerlos sus vecinos.

(Dios mío, déjame admirar a este cura rural
él sabe más que yo de los misterios que nos acompañan
y lo que escribe en verso en su blanca habitación
no es sino un susurro tuyo que yo amaría recoger)

Querido amigo, permítame pues que me una
al huérfano, al caballo golpeado, a sus abejas
y que me sea posible oír sus cantos
en el momento justo del Juicio Final.

Yo no sé cuál es tu hogar
pero sé que has perdido tu hogar.

Sé que hay una casa
con ventanas clausuradas.

Pero todas las noches
los caminantes entrevén una luz
siempre encendida
en la cabecera del niño moribundo.

«No tienes un hogar
sólo tienes libertad
de errar por todas las tierras
sin encontrar hogar».

No sabes si tu hogar
es la choza que hizo el pescador de truchas
o el castillo incendiado
donde sobrevive sobre el techo
el gallo de acero inoxidable.

No tienes un hogar
no tienes un domingo después de misa
donde repartir pan a bulliciosos amigos
donde las viejas tías siguen tejiendo a crochet
y los ancianos duermen tras el postre de leche nevada.

No tienes un hogar
sólo montones de papeles que cualquiera puede convertir en
    cenizas

sólo ropa que será entregada a las polillas
sólo un lecho que será lanzado al río.

No tienes un hogar
como el anciano chino
que el año de su suerte vive feliz con un cerdo en casa.

Los tabiques de la noche son demasiado débiles
y no puedes afirmarte en ellos
los ojos no quieren abrirse a la luz del alba
los sargazos te impiden seguir tu paso.

«No tienes un hogar
sólo tienes libertad
de errar por todas las tierras
sin encontrar hogar».

Si alguna vez
mi voz deja de escucharse
piensen que el bosque habla por mí
con su lenguaje de raíces.

EPÍLOGO

SOBRE EL MUNDO DONDE VERDADERAMENTE HABITO O LA EXPERIENCIA POÉTICA[*]

I

He oído decir que poesía es lo que hace el poeta. La tarea es partir desde ese lugar y tratar de establecer qué es poesía para quien ejerce ese «monótono oficio o arte».

En un principio poesía eran para mí los extraños trozos de pareja tipografía medida y rimada que aparecían en los libros de lectura, esos versos que hay que aprender de memoria, de donde surgen el caballo blanco que nos va a llevar de aquí, las loas a los padres de la patria, los versos a la madre que el mejor alumno declama en el proscenio.

Para empezar, entonces, la poesía es lo distinto al lenguaje convencional, por una parte, y por otra, «lo bello», lo idealizado como las cuatro estaciones en los cuadros donde se aprende idioma. Dos son las poesías escolares que más recuerdo: una me atrajo por la anécdota: *«La canción del pirata»* de Espronceda: «La luna en el mar riela / y en la lona gime el viento», y la otra de García Lorca: «Naranjita de oro / de oro y de sol», porque las palabras me sonaban con un encantamiento análogo al de las rondas entonadas por las vecinas al atardecer.

No recuerdo haber intentado escribir poema alguno hasta los doce años de edad. La poesía me parecía algo perteneciente a otro mundo y prefería leer en prosa. Leía como si me hubieran dado cuerda. Leía de todo, desde cuentos de hadas y *El Peneca* hasta Julio Verne, Knut Hamsun y Panait Istrati, por quien aún vuelan los cardos en el Baragán.

[*] Aparecido en *Muertes y maravillas*, Editorial Universitaria, Santiago de Chile, 1971.

Desde los doce años escribía prosa y poemas, pero en Victoria, ciudad donde aún suelo vivir, fue donde nació mi primer poema verdadero, a eso de los dieciséis años, el primero que vi, con incomparable sorpresa, como escrito por otro.

Sobre el pupitre del liceo nacieron buena parte de los poemas que iban a integrar mi primer libro, *Para ángeles y gorriones*, aparecido en 1956. Mi mundo poético era el mismo donde ahora suelo habitar, y que tal vez un día deba destruir para que se conserve: aquel atravesado por la locomotora 245, por las nubes que en noviembre hacen llover en pleno verano y son las sombras de los muertos que nos visitan, según decía una vieja tía; aquel mundo poblado por espejos que no reflejan nuestra imagen sino la del desconocido que fuimos y viene desde otra época hasta nuestro encuentro, aquel donde tocan las campanas de la parroquia y donde aún se narran historias sobre la fundación del pueblo. Y también aparecían los poetas; el primero de todos Paul Verlaine, cuyos versos rimaban con las campanas y los pájaros y cuya poesía fue la primera que aprendí a ver viva sin necesitar otra cosa que el sonido, y luego Rubén Darío, López Velarde y Luis Carlos López, provincianos cursis y universales, y los chilenos: Vicente Huidobro, cuya antología hecha por Eduardo Anguita leí en la Pascua de 1949, y Omar Cáceres, que me fue descubierto por Miguel Serrano en su por *Ni por mar ni por tierra* («La brújula del alma señala el sur»), Pezoa Véliz y Alberto Rojas Jiménez, Romeo Murga, que hablaba por nosotros a las muchachas con las que no podíamos hablar. Sin embargo, aclaro que nunca hubo distinción para mí entre poetas chilenos y poetas extranjeros. Más aún, creo que es un signo de madurez no preguntarse ya «qué es lo chileno». Las personas adultas no se peguntan quiénes son, sino cómo van a actuar.

La poesía es la universalidad, que fundamentalmente se obtiene por la imagen. «La muerte que está ante mí como el chubasco que se aleja», del arpista del Antiguo Egipto, es también «la muerte es grande y somos los suyos» de Rilke, y la misma nieve recuerda a las damas de antaño de Villon y es como la soledad en Rilke, y el tiempo es un río en Heráclito y Jorge Manrique.

Vuelvo a 1953, cuando como todo provinciano debí hacer el viaje bautismal de hollín de los trenes de entonces a Santiago, atravesando la noche como en un vientre materno hasta asomarme a la lívida madrugada de boca amarga de la Estación Central. Por esos años el héroe poético de mi generación era Pablo Neruda, que perseguido por el Traidor se dejaba crecer barba y atravesaba a caballo la Cordillera y desde México lamentaba que los jóvenes leyeran *Residencia en la Tierra* y llamaba a cantar con palabras sencillas al hombre sencillo y en nombre del realismo socialista convocaba a los poetas a construir el socialismo. Hijo de comunista, descendiente de agricultores medianos o pobres y de artesanos, yo, sentimentalmente, sabía que la poesía debía ser un instrumento de lucha y liberación y mis primeros amigos poetas fueron los que en ese entonces seguían el ejemplo de Neruda y luchaban por la Paz y escribían poesía social o de «realismo socialista».

Pero yo era incapaz de escribirla, y eso me creaba un sentimiento de culpa que aún ahora suele perseguirme. Fácilmente podía ser entonces tratado de poeta decadente, pero a mí me parece que la poesía no puede estar subordinada a ideología alguna, aun cuando el poeta como hombre y ciudadano (no quiero decir ciudadano elector, por supuesto) tiene derecho a elegir la lucha a la torre de marfil o de madera o de cemento. Ninguna poesía ha calmado el hambre o remediado una injusticia social, pero su belleza puede ayudar a sobrevivir contra todas las miserias. Yo escribía lo que dictaba mi verdadero yo, el que trato de alcanzar en esta lucha entre mí mismo y mi poesía. Porque no importa ser buen o mal poeta, escribir buenos o malos versos, sino transformarse en poeta, superar la avería de lo cotidiano, luchar contra el universo que se deshace, no aceptar los valores que no sean poéticos, seguir escuchando el ruiseñor de Keats, que da alegría para siempre. De qué le vale escribir versos a tanto personaje resentido, encerrado en una oscuridad sin puerta de escape, que vemos deambular por el mundo literario.

II

A su debido tiempo, me parece que todo poeta en esta sociedad se suele considerar un sobreviviente de una perdida edad, un ente arcaico. La poesía es una enferma grave, a la que se le toleran algunos caprichos en espera de su futura muerte, y también la Cenicienta de los géneros literarios, aun cuando la novela sea «la poesía de los tontos» según dice mi amigo el poeta Eduardo Molina Ventura.

La burguesía ha tratado de matar a la poesía, para luego coleccionarla como objeto de lujo. Es un signo de estos tiempos ver cómo medio mundo reúne cosas que nunca se usarán: volantines que jamás se enredarán en un árbol, botellas que nunca recibirán vino, redes de pescadores que no sirven para atrapar un pez, llaves mohosas para ninguna puerta, «posters» con efigies de muertos que de alguna forma se contribuyó a matar. El poeta es un ser marginal, pero de esa marginalidad y de este desplazamiento puede nacer su fuerza: la de transformar la poesía en experiencia vital, y acceder a otro mundo, más allá del mundo asqueante donde vive. El poeta tiende a alcanzar su antigua «conexión con el dínamo de las estrellas», en su inconsciente está su recuerdo de la edad de oro a la cual acude con la inocencia de la poesía. Si soy extraño en este mundo no soy extraño en mi propio mundo, reflexiona el creador, y a la larga, en poesía «lo que no es práctico resulta ser lo práctico», como dice Gunnar Ekelöf. Pienso en dos poetas chilenos ya fallecidos que pagaron con su vida su calidad de poetas: Teófilo Cid y Carlos de Rokha, ambos «amateurs de la lepra», en nuestro medio. Sí, la poesía está considerada como la lepra en este mundo en donde muere la imaginación, en donde la inspiración está relegada al desván de los muebles viejos. Astronautas antisépticos en esterilizados vehículos llegan a la Luna a plantar sus pequeñas banderas, y a transmitir mensajes sin sentido; serán artistas de circo en la «caja de los idiotas» de la TV. Al contrario, pienso en los verdaderos conquistadores como Cristóbal Colón, que parte sin mapas junto con un equipo de locos y presidiarios hasta que aparece el Nuevo Mundo que surge gracias a su visión; en Ponce de León muriendo en pos de la Fuente de la Juventud; Gonzalo Pizarro yendo hacia El Dorado; el padre Meléndez en estrechas chalupas bogando por los canales hacia la Ciudad de los Césares. Qué puede ver el ciudadano del siglo xx en la Luna sino un pequeño satélite cuya probable utilidad será la de depósitos de perfeccionados proyectiles nucleares, allí donde las jóvenes irlandesas veían el rostro de su futuro amado, los puritanos de Boston a un duende maléfico, los nativos de Samoa a una anciana hilando nubes, los niños de hace treinta años a la Sagrada Familia rumbo a Egipto. El poeta es el guardián del mito y de la imagen hasta que lleguen tiempos mejores.

III

Creo que todos mis libros forman un solo libro, publicado en forma fragmentaria, a excepción de *Crónica del Forastero*. Difícilmente uno tiene más de un poema que escribir en su vida. Pero hay varias tendencias en mis libros, que van desde *Para ángeles y gorriones* (1956) hasta *Poemas del País de Nunca Jamás* (1963); una, la descriptiva del paisaje visto como un signo que esconde otra realidad (como en «El aromo» o «Molino de madera»), otra como la historia de un personaje contada con un marco de referencia que es siempre la aldea (así en «Historia de hijos pródigos»), otra como el afrontar el problema del paso del tiempo, de la muerte que subyace en nosotros revelada como el fuego revela la tinta invisible por medio de la palabra (los poemas «Domingo a domingo» y «Otoño secreto»).

Para mí la poesía es la lucha contra nuestro enemigo el tiempo, y un intento de integrarse a la muerte, de la cual tuve conciencia desde muy niño, a cuyo reino pertenezco desde muy niño, cuando sentía sus pasos subiendo la escalera que me llevaba a la torre de la casa donde me encerraba a leer. Sé que la mayoría de las personas que conozco y conocemos están muertas, creen que la muerte no existe o existe solo para los demás. Por eso en mis poemas está presente la infancia, porque es el tiempo más cercano a la muerte, y no canto a una infancia idealizada, sé muy bien que la infancia es un estado que debemos alcanzar, una recreación de los sentidos para recibir limpiamente la admiración ante las maravillas del mundo. Nostalgia, sí, pero del futuro, de lo que no nos ha pasado pero debería pasarnos.

Siguiendo con mis libros, *Los trenes de la noche* es un solo poema escrito también de un solo golpe, en un viaje de Santiago a Lautaro, mirando por la ventanilla del tren nocturno, escribiendo unos versos en un cuaderno de croquis tras salir a respirar a la pisadera del carro, tras bajarme rápidamente en las estaciones de donde parten los ramales, a tomar un vaso de vino. El paso del tren representa el tiempo que las locomotoras van dividiendo en forma implacable en el pueblo natal que atraviesan por la mitad. Alguna vez correrá un último tren, pensaba yo, cuál será ese último tren, así como tantas veces pienso quién pronunciará por última vez mi nombre, quien leerá por última vez un poema mío.

Crónica del Forastero es un libro con menos revelación, un intento fallido tal vez de cambiar mi expresión habitual por el relato, a costa unas veces del relato, otras de la tensión lírica. Mi intención era revivir a través de un personaje lírico la historia o mejor dicho la intrahistoria de la Frontera, nuestro Far West, donde nace en el siglo XVI la poesía chilena con Pedro de Oña y Ercilla; esa zona tan singular nacida de la fusión de tres razas; revivir a los (y mis) antepasados, proyectar una historia mítica en un presente que debe cambiarse. Yo debía transformarme en una especie de médium para que a través de mí llegara una historia, y una voz de la tierra que es la mía, y que se opone a la de esta civilización cuyo sentido rechazo y cuyo símbolo es la ciudad en donde vivo desterrado, solo para ganarme la vida, sin integrarme a ella, en el repudio hacia ella. Es posible que esta *Crónica* sea un primer intento hacia un poema épico para el cual todavía no estoy preparado y que he continuado en «Treinta años después». Mi trabajo actual está orientado en otro sentido, que no creo del caso hablar ahora. Para utilizar figuras manidas, la primavera trabaja mudamente las raíces del trigo que va a aparecer. Tal vez sí apunte a una contradicción dolorosa, porque yo no soy poeta de la aventura, sino del orden, aun cuando admire a los innovadores auténticos. Pero sí, quiero establecer que para mí lo importante en poesía no es el lado puramente estético, sino la poesía como creación del mito, de un espacio y tiempo que trasciendan lo cotidiano, utilizando lo cotidiano. La poesía es para mí una manera de ser y actuar, aun cuando tampoco pueda desarticularla del fenómeno que le es propio: el utilizar para su fin el lenguaje justo para este objeto. Mi instrumento contra el mundo es otra visión del mundo, que debo expresar a través de la palabra justa, tan difícil de hallar. Porque el poema no debe (como dice Archibald MacLeish) «Significar sino ser». Y de nada vale escribir poemas si somos personajes antipoéticos, si la poesía no sirve para comenzar a transformarnos nosotros mismos, si vivimos sometidos a los valores convencionales. Ante el «no universal» del oscuro resentido, el poeta responde con su afirmación universal.

Nunca he pensado escribir una poesía original, ni me tengo por un ser sin antepasados poéticos. Cada poeta tiene una línea. Es la mía la de Francis Jammes, Milocz en alguna de sus etapas, René Guy Cadou —un poeta con cuya visión de mundo creo tener afinidad—, Antonio Machado, para citar a los poetas principales, y en las lenguas que puedo leer en versiones originales, lo que me parece fundamental. (Por esto considero que sería pretencioso nombrar a otros que admiro, como Esenin, Georg Trakl, Georg Heym). En prosa, Robert Louis Stevenson, Alain-Fournier, Selma Lagerlöf, cierto Knut Hamsun, Edgar Allan Poe (*Arturo Gordon Pym*). En Chile me adscribí a un sentido de la poesía que llamé «lárico» (ver *Boletín de la Universidad de Chile*, número 56, 1965, «Los poetas de los lares»), y en donde están, entre otros, Efraín Barquero y Rolando Cárdenas, para citar sólo a mis coetáneos. A través de la poesía de los lares yo sostenía una postulación por un «tiempo de arraigo», en contraposición a la moda imperante e impuesta por ese tiempo por el grupo de la llamada Generación del 50, compuesto por algunos escritores más o menos talentosos, representantes de una pequeña burguesía o burguesía venida a menos. Ellos postulaban el éxodo y el cosmopolitismo, llevados por su desarraigo, su falta de sentido histórico, su egoísmo pequeño burgués. De allí ha nacido una literatura que tuvo su momento de auge por la propaganda y la autopropaganda, pero que, por falta de contacto con la tierra, por pertenecer al mundo de la desesperanza tal vez, caducará en pocos años. La pretendida crisis de la novela chilena no es, pienso, sino crisis de la autenticidad, de renuncia a las raíces, incluso a las de nuestra tradición literaria, por pobre que sea. En cambio la mayor parte de nuestros poetas se mantienen fieles a la tierra, o vuelven a ella, como es el caso desde Pablo Neruda y Pablo de Rokha hasta Teófilo Cid y Braulio Arenas, ex surrealistas; o como en los más destacados poetas de la última generación, la poesía es expresión de una auténtica lucha de esclarecerse a sí misma, o por poner en claro la vida que la rodea. Pero mejor que yo lo dice Rilke: «Para nuestros abuelos una torre familiar, una morada, una fuente, hasta su propia vestimenta, su manto, eran aún infinitamente más familiares; cada cosa era una arca en la cual hallaban lo humano y agregaban su ahorro de humano. He aquí que hacia nosotros se precipitan llegadas de EE. UU. cosas vacías, indiferentes, apariencias de cosas, trampas de vida… Una morada en la acepción americana, una manzana americana o una viña americana nada tienen de común con la morada, el fruto, el racimo en los cuales habían penetrado la esperanza y la meditación de nuestros abuelos… Las cosas dotadas de vida, las cosas vividas, las cosas admitidas en nuestra confianza, están en su declinación y ya no pueden ser reemplazadas. Somos tal vez los últimos que conocieron tales cosas. Sobre nosotros descansa la responsabilidad de conservar no solamente su recuerdo (lo que sería poco y de no fiar), sino su valor humano y lárico». Hasta aquí Rilke (1929). Y no se debe añadir nada más. Dentro del mismo Estados Unidos los movimientos de los *beatniks* y los *hippies* recuperan también este mundo del «lar».

v

Lo he dicho entre líneas, pero ahora quiero hacerlo explícito: el personaje que escribe no soy necesariamente yo mismo, en un punto estoy yo como un ser consciente, en otro la creación que nace del choque mío contra mi Doble, ese personaje que es quien yo quisiera ser tal vez. Por eso el poeta es quizás uno de los menos indicados para decir cómo crea. Cuando el poeta quiere encontrar algo se echa a dormir, ¿no es verdad, León Felipe? Habitualmente el poema nace en mí como un vago ruido que debe organizarse alrededor de la palabra o la frase clave o una imagen visual que ese mismo ruido o ritmo concita. No puedo concebir luego el poema en la memoria, sino que debo escribir la palabra o frase clave en un papel y ver cómo se van organizando alrededor de ella las demás. Rara vez corrijo, prefiero escribir varias versiones, para elegir una, en la cual trabajo. A veces queda limpia de toda intervención posterior, otras veces empiezo a podar y corregir en exceso, quitando espontaneidad. Creo que algo de eso me ocurrió en *Crónica del Forastero*. Pero en realidad, nunca sé en verdad lo que voy a decir hasta que ya lo he dicho.

VI

Releo este trabajo, y como de costumbre me siento disconforme con él, pero he llegado a un final y eso no carece de importancia.

Me molesta el tono impostado y dogmático que he solido adoptar, así como el de querer decir verdades últimas. De veras, muchas veces no sé si soy poeta o no, no sé si sobrevivirán de lo que he escrito por lo menos «algunas palabras verdaderas». Pero «nuestra duda es nuestra pasión y nuestra pasión es nuestra tarea». No soy humilde, al estilo de los que dicen, como decía la Violeta, «a humilde a mí no me la gana nadie», pero tampoco seguro de si lo que escribo vale ante los demás y ante mí mismo. Tal vez alguna vez no escriba ya más poesía, tal vez siga en esta tarea que nadie sino yo me he impuesto, no para vender nada, sino para salvar mi alma, en el sentido figurado y literal.

Bien, si difícilmente he podido comunicar algo pido disculpas afirmando, como lo hace Humpty Dumpty en *Alicia a través del espejo*, que las palabras no significan sino lo que nosotros queremos que signifiquen. Para terminar diré que el vino y la poesía con su oscuro silencio dan respuesta a cuanta pregunta se le formule, y que si mi amigo Nicanor Parra escribe «Total cero» en un artefacto de epitafio a Pablo de Rokha, yo prefiero decir con Paul Eluard que «toda caricia, toda confianza sobrevivirá» y con René Char: «A cada derrumbe de las pruebas el poeta responde con una salva por el porvenir».

Valdivia-Santiago, octubre de 1968

BIBLIOGRAFÍA

Libros de poesía

Jorge Teillier, *Para ángeles y gorriones*, Ediciones Puelche, Santiago de Chile, 1956.

Jorge Teillier, *El cielo cae con las hojas*, Ediciones Alerce de la Sociedad de Escritores de Chile, Ediciones Universitaria, Santiago de Chile, 1958.

Jorge Teiller, *El árbol de la memoria*, Premio Gabriela Mistral y Premio Municipal de Poesía, Imprenta Arancibia Hnos., Santiago de Chile, 1961.

Jorge Teillier, *Poemas del País de Nunca Jamás*, Colección El Viento en la Llama, dirigida por Armando Menedín, Imprenta Arancibia Hnos., Santiago de Chile, 1963.

Jorge Teillier, *Los trenes de la noche y otros poemas*, Ediciones de la Revista *Mapocho* de la Biblioteca Nacional de Chile, Santiago de Chile, 1964.

Jorge Teillier, *Poemas secretos*, Ediciones de los Anales de la Universidad de Chile, Santiago de Chile, 1965.

Jorge Teillier, *Crónica del Forastero*, Premio Crav de Poesía, Imprenta Arancibia Hnos., Santiago de Chile, 1968.

Jorge Teillier, *Muertes y maravillas*, Editorial Universitaria, Santiago de Chile, 1971.

Jorge Teillier, *Para un pueblo fantasma*, Ediciones Universitarias de Valparaíso, Editorial Cruz del Sur, Valparaíso, 1978.

Jorge Teillier, *La isla del tesoro*, en colaboración con Juan Cristóbal, Lima, 1982.

Jorge Teillier, *Cartas para reinas de otras primaveras*, Ediciones Manieristas, Santiago de Chile, 1985.

Jorge Teillier, *El molino y la higuera*, Ediciones del Azafrán, Santiago de Chile, 1993.

Jorge Teillier, *Hotel Nube* [póstumo], Ediciones Lar, Concepción, 1996.

Jorge Teillier, *En el mudo corazón del bosque* [póstumo], Fondo de
Cultura Económica Chile, Santiago de Chile, 1997.

Otras publicaciones

La pétit Teillier illustré, edición con poemas de Jorge Teillier y Germán Arestizábal con dibujos de Germán Arestizábal, Ediciones El Kultrún, Valdivia, 1993.
La invención de Chile, en colaboración con Armando Roa, Editorial Universitaria, Santiago de Chile, 1994.
Trenes que no has de beber..., fragmentos de poemas de Jorge Teillier ilustrados por Germán Arestizábal, Ediciones GrilloM, Santiago de Chile, 1994.
Prosas, edición de Ana Traverso, Editorial Sudamericana, Santiago de Chile, 1999.
Entrevistas, 1962-1996, recopilación de Daniel Fuenzalida, Quid ediciones, Santiago de Chile, 2001.
Morada irreal: facsimilares, Biblioteca Nacional de Chile, LOM ediciones, Santiago de Chile, 2003.
El retorno a la aldea. Extractos de entrevistas a Jorge Teillier, montaje y edición de Cristián Toro Jara con ilustraciones de Germán Arestizábal, Alquimia ediciones, Santiago de Chile, 2016.
Jorge Teillier en seis puntos, selección de Carolina Teillier y Sebastián Teillier, Centro de Cartografía Táctil CECAT-UTEM, Santiago de Chile, 2017.
Jorge Teillier. El mundo donde habito. Prosas completas, estudio, selección y notas de Ana Traverso, Ediciones UACh, Valdivia, 2022.

Antologías

From the Country of Nevermore. Selected Poems of Jorge Teillier, traducción, edición e introducción de Mary Crow, Wesleyan University Press, Middletown, 1990.
Los dominios perdidos, selección de Erwin Díaz y prólogo de Eduardo Llanos, Fondo de Cultura Económica Chile, Santiago de Chile, 1992.

In Order to Talk with the Dead. Selected Poems of Jorge Teillier, traducción, introducción y notas de Carolyne Wright, University of Texas Press, Austin, 1993.

Jorge Teillier, el poeta de la lluvia, Editorial Platero, Santiago de Chile, 1996.

Crónicas del forastero. Antología poética, Ediciones Colihue, Buenos Aires, 1999.

El árbol de la memoria. Antología poética, Huerga y Fierro editores, Madrid, 2000.

Libro de Homenajes. Antología, edición de Juan Carlos Villavicencio, Descontexto editores, Santiago de Chile, 2015.

Poemas de la realidad secreta. Antología, edición de Francisco Véjar, Visor, Madrid, 2019.

Nostalgia de la Tierra, edición de Juan Carlos Villavicencio, Cátedra, Madrid, 2021.

Antología de poemas, con ilustraciones de Andrea Ugarte, Fondo de Cultura Económica Chile, Santiago de Chile, 2022.

Cuando todos se vayan. Antología, selección de Cristián Warken y Ernesto Pfeiffer con ilustraciones de Germán Arestizábal, Ediciones Universidad de Valparaíso, Valparaíso, 2023.

Estudios sobre su obra y biografías

Niall Binns, *La poesía de Jorge Teillier: la tragedia de los lares*, Ediciones Lar, Concepción, 2001.

Teresa R. Stojkov, *Jorge Teillier. Poet of the Hearth*, Bucknell University Press, Lewisburg, 2002.

Hernán Ortega Parada, *Jorge Teillier. Arquitectura del escritor*, con el aporte del Consejo Nacional del Libro y la Lectura, impreso en LOM ediciones, Santiago de Chile, 2004.

Patricia García Villarroel, *Retratos de Jorge Teillier: fotografías y testimonios*, con el aporte del Consejo Nacional de la Cultura y las Artes, Santiago de Chile, 2006.

Luis Marín y Carlos Valverde, *Nostalgia del futuro. Biografía del poeta Jorge Teillier*, Del Aire editores, Santiago de Chile, 2015.

Mario Valdovinos, *El poeta extinto. Biografía de Jorge Teillier por Gato Pedro*, Editorial Forja, Santiago de Chile, 2020.

ÍNDICE DE POEMAS